Die Diskontierung von Buchforderungen in Österreich und Deutschland

unter besonderer Berücksichtigung der Diskontierungs-Genossenschaften.

Von

Dr. Georg Eckstein.

Springer-Verlag Berlin Heidelberg GmbH 1911

ISBN 978-3-662-38608-8 ISBN 978-3-662-39464-9 (eBook)
DOI 10.1007/978-3-662-39464-9

Inhaltsverzeichnis.

Einleitung.

Allgemeine Entwicklungstendenzen und Aufbau der vorliegenden Arbeit.

Der größte Teil unseres Wirtschaftsverkehrs baut sich heute auf Kredit auf, und in unserer Zeit, die wir nach der Hildebrandschen Bezeichnung auch die Zeit der Kreditwirtschaft zu nennen pflegen, ist eine der wichtigsten volkswirtschaftlichen Fragen, die nach der zweckmäßigsten Befriedigung des Kreditbedürfnisses.

Ein Kreditbedürfnis steht unzweifelhaft fest. Mit dem gewaltigen Anwachsen des Konsums wächst ein solches im gleichen Verhältnis.

Der Aufwand der Kosten für die produzierten Güter, die von einer Quelle aus in tausend Rinnsale des volkswirtschaftlichen Lebens fließen, wandert erst allmählich nach und nach wieder an die Produktionsstätte zurück. Der Produktionsprozeß aber bewegt sich kontinuierlich weiter. Die Mittel zur Aufrechterhaltung desselben können nur durch den Kredit erschlossen werden.

In Österreich sind es nun in ganz besonderem Maße die schlecht entwickelten Zahlungsverhältnisse, das sich bis in die obersten Schichten des Güterumlaufprozesses hindurchziehende Borgsystem, das Festhalten an überkommenen Zahlungssitten, die ein solches Bedürfnis an Kapital, Betriebsmitteln, bedingen.

In Deutschland stellt sich ein solches Bedürfnis besonders durch die Tatsache heraus, daß bei den strafforganisierten kapitalkräftigen Unternehmern, den obersten Kreisen des gewerblichen Lebens, die Tendenz vorhanden ist, strenge Zahlungsfristen einzuführen, indem sie sich durch Kartellverträge oder Konventionen dazu verpflichten.

Diejenigen Kreise, die im Güterumlaufprozeß zwischen die obersten Schichten und die letzten Konsumenten gestellt sind, werden einerseits von ihren überlegenen kapitalkräftigen Lieferanten zu straffen Zahlungsmethoden angehalten, auf der anderen Seite stehen sie Abnehmern gegenüber, die lange Zahlungstermine in Anspruch nehmen, bei denen die Konventionen nicht durchführbar sind, weil man mit Recht fürchtet, die Kunden zu verlieren, auf der einen Seite wird ein fester Zahlungstermin verlangt, auf der anderen Seite erfolgt eine unbestimmte große Verspätung in der Zahlung.

In Deutschland sind nun angeblich zur Befriedigung eines bei uns vorhandenen Kreditbedürfnisses augenblicklich Bestrebungen im Gange, eine Kreditform auszubreiten, die bisher bei uns nur hier und da und durch Kreditgenossenschaften nur geringe und ganz vorübergehende Ansätze gefunden hat.

Es handelt sich um die Einführung der Diskontierung offener Buchforderungen, eines Kreditzweiges, der in Österreich seit 1½ Jahrzehnten seine Verbreitung und allmählich, besonders in den letzten Jahren, eine bedeutende Ausdehnung gefunden hat.

In Österreich füllt diese Kreditform eine Lücke aus, die bedingt ist durch die allgemeinen Entwicklungstendenzen im volkswirtschaftlichen Leben und durch den konservativen Charakter eines bestimmten Kreises von Erwerbstätigen, durch das Festhalten an überkommenen Gebräuchen im Zahlungsverkehr.

Es fragt sich nun, ob auch in den deutschen wirtschaftlichen Verhältnissen eine solche Lücke vorhanden ist, ob überhaupt volkswirtschaftlich die Einführung dieses neuen Kreditzweigs zu befürworten sei. Hierzu aber ist eine Vorfrage zu erledigen, welche Mittel zur Befriedigung der vorhandenen Bedürfnisse bestehen, ob die bestehenden Einrichtungen hinreichen.

Auf direktem Wege lassen sich zur exakten wissenschaftlichen Beurteilung dieser Frage feste Maßstäbe nicht gewinnen, da kaum nennenswerte spezielle Erfahrungstatsachen vorhanden sind. Wohl aber bietet uns die Möglichkeit, aus den allgemeinen wirtschaftlichen Verhältnissen, insbesondere der Kreditorganisation und den Zahlungsmethoden, im Vergleich mit den Verhältnissen in Österreich einen Maßstab zu gewinnen. Diese Methode liegt um so näher, als in Deutschland die Kreditform der Diskontierung von Buchforderungen der österreichischen nachgebildet ist.

Damit ist zugleich der Plan der Arbeit gegeben.

Nach einer Darstellung des Begriffes und Wesens der Diskontierung von Buchforderungen soll in einem ersten Teil zunächst eine Studie über die österreichischen Verhältnisse, soweit sie für die Diskontierung von Buchforderungen in Betracht kommen, gemacht werden.

In einem ersten Abschnitte sollen die wirtschaftlichen Grundlagen, die die Bedingung sind zu der großen Ausdehnung dieses Kreditzweiges in Österreich, und die Entstehung der Diskontierungsgenossenschaften als der wichtigsten Institute für diesen Kreditzweig behandelt werden;

in einem zweiten Abschnitte die Organisation der Diskontierungs- oder Eskompte-Genossenschaften;

in einem dritten Abschnitte endlich die wirtschaftliche Bedeutung dieser Kreditform für Österreich gezeigt werden.

Im zweiten Teil sollen dann entsprechend der Untersuchung für die österreichischen Verhältnisse zunächst die Entwicklungstendenzen des deutschen Kredit- und Zahlungsverkehrs untersucht, im Anschluß daran die Entstehung der Diskontierung von Buchforderungen dargestellt werden. Es erübrigt sich, bei der Behandlung der deutschen Verhältnisse auf die Organisation der Diskontierung von Buchforderungen näher einzugehen, weil die deutschen Verhältnisse den österreichischen nachgebildet sind und diese im ersten Teil eine ausführlichere Würdigung finden.

Zum Schlusse soll in einer kritischen Zusammenfassung auf die Frage eingegangen werden, welche Stellung der Kreditzweig der Diskontierung von Buchforderungen innerhalb unseres gesamten Kredit- und Zahlungsverkehrs einnimmt, ob er im volkswirtschaftlichen Sinne einen Fortschritt oder eine Hemmung für die Entwicklungstendenzen desselben bedeutet.

Von einer Darstellung der allgemeinen wirtschaftlichen Bedeutung der Diskontierung von Buchforderungen im zweiten Teile dieser Arbeit ist natürlich mit Rücksicht auf die Behandlung dieser Fragen bei den österreichischen Verhältnissen ebenfalls abgesehen worden.

Begriff und Wesen der Diskontierung von Buchforderungen.

Die Diskontierung von Buchforderungen wurde dem Wechseldiskont nachgebildet. Begriff und Wesen finden wir daher am besten, wenn wir jene mit diesem vergleichen. Bei beiden handelt es sich zunächst um eine Diskontierung. Unter Diskont im allgemeinsten Sinne verstehen wir[1]) „den Abzug vom Nominalbetrage einer innerhalb einer gewissen Frist fälligen Forderung, den derjenige einbehält, welcher die Forderung vor Verfall ankauft oder in Zahlung nimmt“. Die Diskontierung von Buchforderungen ist also

1. eine Mobilisierung von Forderungen;

2. die Verwandlung einer langfristigen Forderung in eine Barsumme.

Mit dem Ankauf oder dem Inzahlungnehmen ist

3. der Erwerb der Forderung verbunden.

Unter den Begriff der Diskontierung fallen daher nicht folgende Bankgeschäfte, die oft mit der Diskontierung von Buchforderungen verwechselt werden:

1. das Inkasso von Buchforderungen. Dieses bedeutet nur den Auftrag, den Gegenwert der Forderung zu erheben. Derjenige, der den Betrag erhebt, ist nur Mandatar des Auftraggebers;

2. die Beleihung von Forderungen. Diese bedeutet die Benutzung einer fremden Forderung, die auch fremde bleibt, zur Sicherung eines gewährten Kredits. In diesem Falle geht die Forderung im Gegensatz zu dem Verbleiben derselben bei dem Kreditnehmer durch Abtretung auf den neuen Gläubiger über. Dieser kann aber gegenüber der unbegrenzten Gebrauchsmöglichkeit bei der Diskontierung

---

[1]) HWSt. Art. Diskonto und Diskontopolitik.

von Buchforderungen nur insoweit davon Gebrauch machen, als es die Zwecke der Sicherstellung erheischen;

3. die Kreditgewährung auf Grund des Bestehens von Buchforderungen. Hier bildet die Tatsache des Vorhandenseins von Buchforderungen den Gradmesser für die Höhe des zu gewährenden Kredits.

Von diesen drei Formen unterscheidet sich die Diskontierung von Buchforderungen dadurch, daß letztere in das Eigentum des Kreditgebers zur freien Verfügung übergehen.

Bei der Diskontierung der Buchforderungen werden dieselben an die Genossenschaft kaufweise abgetreten. Die Genossenschaft wird Gläubigerin und zahlt den Genossen eine bestimmte Zessionsvaluta. Die Diskontierung von Buchforderungen sind Forderungskäufe[1]).

Der Erwerb der Forderung geht hervor:

1. aus der Tatsache, daß die Buchforderungsdiskontierung der Wechseldiskontierung nachgebildet ist;

2. daß in den Statuten der Genossenschaften stets die Bestimmung getroffen ist, daß die Forderung in das Eigentum der Genossenschaft übergeht;

3. daß die österreichische Judikatur auf demselben Boden steht: In der Entscheidung des obersten Gerichtshofes vom 5. Februar 1908 Z. 15. 937/7 wird die Diskontierung von Buchforderungen als Erwerb der Forderungen angesehen, der sich im Wege der Zession vollzieht.

Die Diskontierung von Buchforderungen unterscheidet sich vom Wechsel darin, daß

1. bei der Wechseldiskontierung die Barsumme, der Kredit, auf Grund einer auf den Warenschuldner ausgestellten Urkunde geleistet wird, die eine vom Schuldverhältnis losgelöste, leicht übertragbare, schnell und scharf einklagbare Schuldurkunde darstellt, während derselbe bei der Diskontierung von Buchforderungen sich auf Grund der Zession vollzieht, die unmittelbar an den Schuldgrund anknüpft;

2. der Wechsel als Urkundenpapier leicht begebbar ist und unbegrenzt viele Male von Hand zu Hand wandert,

---

[1]) Blätter für Genossenschaftswesen vom 6. VI. 1908.

während die Buchforderungsdiskontierung nur einmal begeben wird.

Die Diskontierung von Buchforderungen stellt sich demnach dar als ein auf Grund der Zession sich vollziehender, nicht beurkundeter Forderungserwerb zum Zwecke der Verwandlung einer befristeten Forderung in eine Barsumme.

In Beziehung auf ihre Anwendung ist die Diskontierung von Buchforderungen zu charakterisieren

1. als gedeckter Personalkredit, weil bei der Kreditgewährung der wichtigste Maßstab das persönliche Vertrauen, die Fähigkeiten, Geschäftskenntnisse und Rechtschaffenheit des Kreditnehmers bilden, und der Kredit in Verbindung mit dem Deckungswechsel steht;

2. als Betriebskredit, weil die auf Grund der diskontierten Buchforderungen zur Verfügung gestellten Mittel im Geschäftsbetrieb Verwendung finden;

3. als gewerblicher Kredit, weil er hauptsächlich der gewerblichen Bevölkerung zur Verfügung gestellt wird;

4. als Zahlungskredit, weil sie sich im Anschluß an das Zahlungsgeschäft entwickelt hat.

Erster Teil.

Studie über die Verhältnisse der Diskontierung von Buchforderungen in Österreich.

Erster Abschnitt.

Die wirtschaftlichen Voraussetzungen zur Diskontierung von Buchforderungen in Österreich und ihre Entstehung.

An dieser Stelle soll auf die Verhältnisse eingegangen werden, die die spezielle Voraussetzung waren zu der Ausbildung der Diskontierung von Buchforderungen in Österreich. Wir betrachten zunächst in einem ersten Abschnitte die wirtschaftlichen Verhältnisse im allgemeinen und bei den Kreditnehmern, und in einem anderen Abschnitte, wie sich dieselben bei den Kreditgebern entwickelt haben, d. h. wie sich die Kreditorganisation ausgebildet hat.

Die Zahlungsverhältnisse in Österreich.

Wenngleich sich in Österreich der Übergang vom Agrar- zum Industriestaat zu vollziehen scheint, so trägt doch noch heute der überwiegende Teil des Landes agrarischen Charakter. Dies geht schon daraus hervor, daß nach der Zählung von 1900 allein 60,9 % aller Erwerbstätigen in der Land- und Forstwirtschaft beschäftigt waren, in Industrie und Bergbau dagegen 23,3 %, in Handel und Verkehr 5,4 %. In Industrieländern sind die wirtschaftlichen Verhältnisse im allgemeinen viel günstiger entwickelt als in Ländern mit überwiegend agrarischem Charakter.

Damit steht im Zusammenhang, daß in Österreich das Barzahlungssystem als eine derjenigen Verkehrsformen, die in den wirtschaftlich höchst entwickelten Ländern am meisten verbreitet ist, viel rückständiger ist als in Deutschland. In Österreich ist dagegen das Borgsystem außerordentlich stark verbreitet. Als Beleg für diese Tatsache mögen folgende Auslassungen dienen:

„Unser Handelsverkehr leidet an dem Übelstande des ziel- und auswahllosen Warenkredits, an dem Mangel fester Zahlungstermine besonders seitens des Zwischenhandels und in erster Reihe an dem Fehlen der Zahlungsmoral auf seiten der Konsumenten."

An anderer Stelle:

„Der ziel- und wahllose Warenkredit, der absolute Mangel fester Zahlungstermine ist das größte Übel, an welchem besonders die Textilbranche in Österreich krankt"[1]).

Wie sehr gerade in dieser Branche die Zahlungsverhältnisse darniederliegen, bringt eine Enquete zum Ausdruck, die im Jahre 1905 von der Handels- und Gewerbekammer in Brünn über die Zahlungs- und Kreditverhältnisse in der Textilindustrie veranstaltet wurde: „Als Ergebnis der Enquete kann im allgemeinen die Tatsache konstatiert werden, daß für die große Masse der Textilindustrie sich die Konditionen von Jahr zu Jahr verschlechtern. Die Enquete hat nicht viel Neues gebracht, lediglich die Bestätigung, daß die Regellosigkeit der Zahlungsbedingungen kaum mehr zu überbieten ist, gehört doch nicht zu den Seltenheiten, daß von der Kundschaft, abgesehen von offenem Ziele, auf Monate hinaus bei vollem Kassaskonto nicht nur die gewöhnlichen Prozentabzüge für Mängel und Fehler, sondern auch ganz willkürliche Abzüge verlangt und seitens der Lieferanten auch zugestanden werden. Der gegenseitige Wettbewerb treibt dazu, nicht nur in Qualität und Preis, sondern auch in Zahlungsbedingungen zu konkurrieren, zuweilen führen gerade die größten Firmen eine Verschlechterung der Zahlungskonditionen herbei, da sie durch ihre Kapitalkraft Zahlung abwarten können."

„Von sachverständiger Seite wird geklagt, daß dort (Österreich) insbesondere in der Textilbranche dem kleinsten

---

[1]) Rechenschaftsbericht des Kreditorenvereins 1908.

Handelsmann die Ware auf 9 Monate Ziel und darüber hinaus gegeben und nach dem Ablauf der Verfallfrist noch prolongiert wird. Die kleineren Fabrikanten und Händler sind gezwungen, die ihren Kunden gelieferten Waren auf 1 Jahr und länger zu kreditieren[1])."

Hofrat von Pranger, Generalsekretär der Österr.-Ungar. Bank, äußert sich in der Neuen Freien Presse vom 13. 11. 1904: „Die ursprünglichen Ursachen der Kreditauswüchse liegen in der geradezu unkontrollierbar großen unbegründeten Warenkreditierung. Namentlich haben die großen Fabriketablissements der Textilbranche sehr gesündigt, indem sie dem kleinsten Handelsmann die Ware auf 9 Monate Ziel und darüber hinaus geben und nach dem Ablauf der Verfallzeit noch prolongieren".

In einem anderen Artikel desselben Blattes vom 9. 11. 04 lautet es: „Die kleineren Fabrikanten und Händler sind gezwungen, ihren Kunden die gelieferten Waren auf ein Jahr und länger zu kreditieren, wenn sie nicht ihre Geschäfte einigen großen Firmen überlassen wollen, die mit Absicht immer längere Kredite gewähren, um den Umsatz auf Kosten ihrer minder kapitalkräftigen Konkurrenz zu vergrößern."

Diese Angaben mögen genügen, eine Anschauung zu geben und als Beleg für die Tatsache zu dienen, daß die Zahlungssitten in Österreich sehr darniederliegen, daß das Borgsystem, der Warenkredit, einen breiten Boden gefunden hat. Diese Mißverhältnisse sind zum Teil auf den agrarischen Charakter des Landes zurückzuführen, denn ein großer Teil der Abnehmer „der kleineren Geschäftsleute ist auf den sehr veränderlichen Ertrag von Grund und Boden angewiesen, woraus folgt, daß der Geschäftsmann auf dem Lande von dem Resultat der Ernte direkt abhängig ist"[2]).

Ferner ist eine Hauptursache der schlechten Zahlungsverhältnisse die maßlose Konkurrenz, besonders in der Textilbranche. In dem Bericht der Handels- und Gewerbekammer Brünn heißt es: „Bei Bestrebungen zur Verbesse-

---

[1]) Blätter für Genossenschaftswesen vom 24. III. 1906.

[2]) Prof. Deimel, a. a. O., S. 37.

rung der Zahlungsverhältnisse hat sich herausgestellt, daß die bedeutendsten Häuser für einheitliche Konditionen nicht zu gewinnen waren, weil sie sich die Freiheit wahren wollten, ihr Übergewicht gegenüber anderen Produzenten auch durch Gewährung leichterer Zahlungsbedingungen zu betätigen."

„Es lag nicht in der Praxis des österreichischen Geschäftsverkehrs, die Abnehmer zur strikten Zahlungsweise zu erziehen. Die exzessive Konkurrenz, die namentlich in der Textilbranche herrschte, bewirkte es, daß man den Abnehmern, in den Zahlungsmodalitäten immer größere Erleichterungen gewährte"[1]).

Ein zweites Moment, das für Österreich eine wesentliche Voraussetzung zur Diskontierung von Buchforderungen war, ist die allgemeine Abneigung, wechselmäßige Verpflichtungen bzw. Akzeptverpflichtungen einzugehen. Auch diese Tatsache ist auf den agrarischen Charakter des Landes zurückzuführen, weil ein großer Teil der Abnehmer von der Ernte direkt abhängig ist, ihre Geldeingänge daher zu sehr von den Ernteerträgnissen ihrer Bezirke abhängen. Da dieselben aber sehr schwankende sind, ist eine wechselmäßige Festlegung der Zahlungstermine daher immerhin mit großem Risiko verbunden.

Hofrat von Pranger sagt darüber a. a. O.:

„Das Akzept ist aus dem Warenverkehr fast vollständig verschwunden, und es ist einer der größten Übelstände, daß die Warenschuld nicht mehr akzeptiert wird."

Der Bericht der Enquete der Brünner Handels- und Gewerbekammer sagt: „Der Wechselkredit läßt sich nicht ausnutzen, da die Kundschaft keine Wechsel akzeptiert."

In der Tat zeigt sich auch in Österreich infolge der geringen Neigung zur Wechselverpflichtung ein Mangel an Wechseln.

„Man hat die Tatsache, daß es relativ weniger Wechsel in dem Zahlungsprozesse der Monarchie gibt als vergleichsweise in anderen Ländern, hauptsächlich damit begründet, daß die Abnehmer der auf Borg gekauften Waren in manchen

---

[1]) Dr. Felix Somary, „Plutus" Heft 11, 1909.

Geschäftszweigen durchaus keine Neigung besitzen, den Gegenwert zu akzeptieren[1]).“

Die Konsequenzen, die wir aus dem oben Dargestellten im Zusammenhang mit den allgemeinen Entwickelungstendenzen und in bezug auf die Diskontierung von Buchforderungen in Österreich ziehen, sind nun folgende:

Die allgemeine Entwicklung zum Großunternehmertum brachte gewisse Kreise der gewerblichen Bevölkerung in eine kapitalbedürftige Lage. Die Zahlungsverhältnisse sind immer schlechtere geworden, da einerseits immer größere Erleichterungen gewährt wurden, andererseits eine Einbürgerung des Wechsels sich nicht durchsetzen konnte. Dies hatte zur Folge, daß die Flüssigmachung des durch die Debitoren immobilisierten Kapitals immer schwieriger wurde. Ein gewisser Teil der Unternehmer ist in eine Notlage gedrängt. Die Forderungen schwellen als totes, vorläufig nicht nutzbares Kapital zu großen Summen an.

Es lag daher nahe, daß Versuche gemacht wurden, diesen Übelstand zu beseitigen. Man suchte zunächst Maßnahmen zur Verbesserung der Zahlungsverhältnisse zu treffen. Das Hauptübel suchte man in der Borgwirtschaft. Hier sollte der Hebel angesetzt und Versuche gemacht werden, aus dem ziellosen Warenkreditsystem einen an feste Ziele gebundenen Kreditverkehr heranzubilden, ja zum Teil den Kreditverkehr in ein Barzahlungssystem umzuwandeln.

Wir werden nun aus den folgenden Darlegungen ersehen, daß alle Versuche, das Borgsystem durch Einführung besserer Zahlungsmethoden zu beheben, scheiterten, und zwar an den fest eingewurzelten Zahlungssitten und der allgemeinen Abneigung gegen das Akzeptieren des Wechsels.

Als Mittel, einmal dem Mangel an Diskontmaterial abzuhelfen, ferner zur Gesundung des österreichischen Zahlungsprozesses und zur Verbesserung der in manchen Geschäftszweigen geradezu unhaltbar gewordenen Zahlungsbedingungen führte die Österr.-Ungar. Bank die unakzeptierte Tratte ein. Sie erweiterte ihre Bestimmungen für den

---

[1]) Prof. Deimel, a. a. O., S. 8.

Geschäftsverkehr dahin: „Unakzeptierte, nicht domizilierte Tratten ohne Kosten im Betrage von höchstens 3000 Kr. per Stück werden unter den gleichen Bedingungen wie akzeptierte Wechsel in Eskompte genommen.“ Man glaubte, eine allgemeine Gewöhnung an feste Zahlungstermine und an den akzeptierten Wechsel herbeiführen zu können, indem man von der Annahme ausging, daß die Bezogenen die Zahlung von Tratten nicht verweigern würden, um vor der Bank nicht als zahlungsunfähig zu erscheinen und das bisherige Vertrauen, den Kredit, den der einzelne bisher in Anspruch nahm, nicht zu gefährden. Man nahm dabei an, daß, wie der Großhändler und Industrielle seine Kundenakzepte an die Bank begibt, so auch die nicht akzeptierte Tratte an die Bank weiterbegeben werden würde. Diese Hoffnungen erfüllten sich aber nicht, was aus folgenden Ziffern hervorgeht:

Der gesamte Eskompte von nicht akzeptierten Tratten belief sich auf:

	1901	auf	1744	mit	Kr.	658 156,37
	1902	„	3185	„	„	805 646,22
	1903	„	3563	„	„	852 785,38
	1904	„	3058	„	„	790 924,77
	1905	. . .			„	669 845,21
	1906	. . .			„	314 125,54
	1907	. . .			„	238 752,83
	1908	. . .			„	206 527,30
	1909	. . .			„	389 069,72
bis Ende Septbr.	1910	. . .			„	321 710,56

während sich der Gesamtumsatz an Wechseln, Warrants und Effekten auf rund

Kr.	2 569 000 000	in	1901	Kr.	5 543 000 000	in	1906
„	2 252 000 000	„	1902	„	6 692 000 000	„	1907
„	2 819 000 000	„	1903	„	6 545 000 000	„	1908
„	3 956 000 000	„	1904	„	6 412 000 000	„	1909
„	4 456 000 000	„	1905				

belief.

Der Umsatz in akzeptierten Tratten verteilte sich nur auf die Zentrale der Österr.-Ungar. Bank in Wien und vier

Filialen, ein Zeichen, wie wenig sich die Tratte einbürgern konnte. Auch Hofrat von Pranger schreibt in der Neuen Freien Presse vom 13. 11.1904, daß die Diskontierung der unakzeptierten Tratte keinen besonderen Umfang angenommen hat, da beispielsweise im Monat Oktober 1904 nicht mehr als 30 000 Kronen nicht akzeptierter Tratten seitens der Bank akzeptiert worden sind.

Noch viel weniger konnte eine Einrichtung zur Verbesserung der Zahlungsmethode Platz greifen, die eine pünktliche Einhaltung der Zahlungstermine durch Barzahlung bzw. Anweisung anstatt durch Kreditierung herbeiführen wollte. So ist im Jahre 1893 der Österr.-Ungar. Inkasso-Verein in Wien als eine nicht auf Gewinn berechnete, sondern auf Grund ihrer Autorität wirkende Vereinigung errichtet worden, welcher Kaufleute, Industrielle, Gewerbetreibende, Handelsgesellschaften und Vereine als Mitglieder bzw. Teilnehmer angehören, und welche statutengemäß den Zweck hat, eine maßgebende Zentralstelle für das Inkasso zu schaffen, die Einziehung offener Buchforderungen durch die Anweisung zu verallgemeinern und sonstige Maßnahmen zu treffen, welche die Regulierung des Inkassos erheischt, um auf diese Weise zur Gesundung der österreichischen geschäftlichen Verhältnisse beizutragen. 1904, also nach elfjährigem Bestande, zählte der Inkassoverein nur 237 Mitglieder, welche bei demselben 32 060 Anweisungen im Gesamtbetrage von Kr. 8 005 351,07 zum Inkasso einreichten. Von diesen haben 22 789 Anweisungen im Betrage von Kr. 5 637 468,99 oder 72,2 % Eingang gefunden[1]). Aus den verhältnismäßig niedrigen Beträgen ersehen wir, daß also auch diese Form in Österreich nicht die gewünschte Ausbreitung fand, umsoweniger, als die Anweisung ein Zahlungsinstrument darstellt, während die österreichische Geschäftswelt eines neuen Kreditinstrumentes bedurfte.

Nicht nur zwischen Kreditgeber und Kreditnehmer, sondern auch zwischen Konsument und Produzent scheiterten die Versuche, straffere Zahlungsmethoden herbeizuführen. So suchten Industrielle und Großhändler durch Ver-

---

[1]) Prof. Deimel, a. a. O., S. 36.

einbarungen, Zahlungskartelle, Konventionen, günstigere Bedingungen insbesondere in der Textilindustrie herbeizuführen. Diese Konventionen erstrecken sich einmal darauf, einen geregelten Geschäftsgang mit der Kundschaft zu schaffen (daß nur auf Grund der aufgestellten Zahlungs- und Lieferungsbedingungen mit ihr zu verkehren ist, daß sie anzuhalten ist, sich den Bedingungen zu fügen, und daß nötigenfalls gegen die Abnehmer die gesetzlich zulässigen Schritte anzuwenden sind), ferner darauf, Strafbestimmungen zu erlassen, die den Produzenten bei Nichtbeachtung treffen. Solange die Konjunktur eine günstige war, die Konsumenten zu den Produzenten in Abhängigkeit standen, die Konsumenten auch unter den erschwerten Bedingungen durch die rege Nachfrage Gewinn erzielen konnten, wurden die Zahlungsbedingungen befolgt. Trat aber der Konjunkturrückgang ein, stellte sich eine Überproduktion heraus, so waren einige, um die Vorräte unter allen Umständen zu verkaufen, leicht geneigt, die Kartellvereinbarungen zu vernachlässigen. Dies geschah natürlich auf Kosten derjenigen, die die Bedingungen aufrecht erhielten. Diese sahen sich auch zuletzt genötigt nachzugeben, wenn sie nicht Gefahr laufen wollten, hinter den anderen zurückzustehen. So lösten sich auf ganz natürliche Weise die Kartelle.

Prof. Deimel sagt darüber: „Um nicht aus dem Markt hinausgedrängt zu werden, mußten auch die besser situierten Unternehmer ihren Abnehmern gleichfalls Vorteile einräumen, die Preise herabsetzen und annehmbare Zahlungsbedingungen zugestehen. Die Überproduktion entstand so in dem ganzen Geschäftszweige (Textilindustrie), ihr folgte die Absatzkrise und diese brachte naturgemäß eine Verschlechterung der Zahlungsbedingungen auf der ganzen Linie. Die Konvention zerfiel. Nur in jenen Branchen, wo die Voraussetzungen zur Kartellbildung oder auch nur sonstige die Unternehmer begünstigende Umstände der Preisbildung vorhanden waren, gelang es, der Kundschaft härtere Zahlungsbedingungen als zuvor aufzuerlegen.“

In dem mehrfach erwähnten Jahresbericht des Kreditoren-Vereins 1904 heißt es: „Die Bestrebungen einzelner Industriellen-Gruppen, die Zahlungsmodalitäten zu verschärfen, sind auch nicht geeignet, eine Sanierung anzubahnen."

Endlich hatten auch die Bestrebungen, Rabatt- oder Barzahlungssysteme einzuführen, keinen Erfolg. Prof. Deimel sagt: „Auch die Entwicklung der Rabatt- oder Barzahlungsvereine geht bei uns nicht vorwärts."

In Erkenntnis der Tatsache, daß alle die oben skizzierten Maßnahmen zur Verbesserung der Zahlungsverhältnisse nicht imstande waren, durchgreifende Reformen zu schaffen, machte man die verschiedensten Vorschläge, auf gesetzlichem Wege eine Änderung herbeizuführen.

So schlug man eine Verkürzung der Verjährungsfrist für kleingewerbliche Forderungen vor. In den 80er Jahren stellte man schon die Forderung auf, Forderungen bis zu 10 Gulden für unklagbar zu erklären. Man wollte damit bezwecken, das Borgen kleinerer Beträge zu verhindern. Das Gegenteil hätte man aber schließlich damit erreicht, denn wäre das Gesetz durchgebracht worden, dann würde zwar nicht mehr bis zu dem Betrage von 10 Gulden geborgt worden sein, aber wohl zur Umgehung dieser Bestimmung Summen über diesen Betrag hinaus.

Das Resultat der vorhergehenden Ausführungen ist das folgende. In weitem Umfange wird in Österreich die Barzahlung und die Ausstellung von Wechseln mit bestimmter Verfallzeit durch offenes Ziel ersetzt. Ein namhafter Teil des Betriebskapitals der Fabrikanten wie der Großhändler wird auf diese Weise festgelegt. Sie müssen einen Ausweg suchen, um ein allzu langes Brachliegen ihrer Geldmittel zu vermeiden und einen öfteren Umsatz ihres Betriebskapitals zu ermöglichen. Der Wechselkredit läßt sich nicht ausnutzen, da die Kundschaft keine Wechsel akzeptiert. Die nicht akzeptierte Tratte, die den Wechsel ersetzen sollte, vermochte sich nicht einzuleben. Alle Maßnahmen, sowohl zwischen Kreditgeber und Kreditnehmer als auch zwischen Konsument und Produzent, die Zahlungsverhältnisse zu bessern, scheiterten an den eingewurzelten Zahlungsgewohnheiten. Bemühungen, auf legislatorischem Wege Umgestaltungen herbeizuführen, blieben bei den Vorschlägen. Eine Besserung der Zahlungsverhältnisse war also, wie wir näher darzulegen versuchten, allgemein nicht durchführbar.

Aber gerade der Umstand, daß in Österreich die Zahlungsmethoden so schlecht ausgebildet sind, ein großer Teil des Güterverkehrs auf Borgsystem beruht, ist eine Hauptursache für den Mangel an Betriebskapital. Es blieb also nichts anderes übrig, als Mittel und Wege zu finden, das erforderliche Betriebskapital zu schaffen. Barzahlungsverkehr war nicht durchführbar. Der Wechsel konnte als Zahlungs- und Kreditinstrument nicht eingeführt werden; man mußte also ein neues Kreditinstrument schaffen, und dieses fand man in der Diskontierung von Buchforderungen.

An dieser Stelle ist nun auf die zweite Frage einzugehen, wie sich die Verhältnisse bei den Kreditgebern in bezug auf die Diskontierung von Buchforderungen ausgebildet haben. Es kommen dabei hauptsächlich die Banken und die Kredit- und Vorschuß-Vereine in Frage. Die übrigen Institute der Kredit- und Zahlungsorganisation können wir hier außer Betracht lassen, weil sie für den gewerblichen Kredit kaum eine nennenswerte Bedeutung haben.

Das Bankwesen hat wie in den meisten anderen Kulturstaaten, so auch in Österreich in den letzten Jahrzehnten einen enormen Aufschwung genommen. So stieg die Zahl der österreichischen Aktienbanken von 53 im Jahre 1886 auf 73 im Jahre 1905. Das Aktienkapital wuchs in demselben Zeitraum von 606 000 000 Kr. auf 882 700 000 Kr.[1]).

Philippovich sagt in seinem Grundriß 2. Band II. Teil S. 150, daß der Privatbankier fast vollständig in Österreich verschwunden ist.

Am deutlichsten zeigt sich die gewaltige Entwicklung der Banken aus der Veränderung des Betriebskapitals, die dasselbe im Laufe der Jahre 1894—1908 erfahren hat. Die Passiva beliefen sich auf Millionen Kronen

1894. . .	4924	1899. . .	6711	1904. . .	8 929
1895. . .	5412	1900. . .	7212	1905. . .	9 628
1896. . .	5615	1901. . .	7612	1906. . .	10 869
1897. . .	6008	1902. . .	7931	1907. . .	11 309
1898. . .	6294	1903. . .	8332	1908. . .	11 984

[1]) Kompaß, a. a. O., Bd. I, S. 103.

Das bedeutet eine Steigerung des Betriebskapitals um 143,38 %. Davon betrugen die eigenen Mittel in 1000 Kronen

	1894	1908
Aktienkapital. . . .	614 630	1 064 835
Reserven.	200 640	0 388 141
	815 270	1 452 976

Das eigene Betriebskapital stieg demnach von

1894. . . . 815 270 Millionen Kronen auf
1908. . . . 1 452 976 ,, ,,

Das sind 78,2 %.

Dagegen stiegen die den Banken aus fremdem Kapital zugeflossenen Mittel von

1894. . . . 4 108 730 000 Kronen auf
1908. . . . 10 531 024 000 ,,

Das bedeutet eine Steigerung von 156,3 %.

Infolge des starken Anwachsens des Betriebskapitals müssen die Banken ihre Anlagetätigkeit, um eine angemessene Verzinsung zu erreichen, entsprechend erweitern. Sie suchen daher ihr Betätigungsfeld immer weiter auszudehnen. In der Tat ist der Wirkungskreis der Banken in immer weitere Volksschichten eingedrungen und hat das Wirtschaftsleben auch in den mittleren Kreisen der gewerblichen Bevölkerung befruchtet.

Kredit wurde jedoch im allgemeinen aber nur dort gewährt, wo genügende Sicherheit geboten war. Durch die Konzentration der Riesenkapitalmassen in einer Hand und den gewaltigen Geschäftsumfang, durch die Vielseitigkeit und die ungeheure Ausdehnung des Betriebes auf viele Tausende ist es für die Banken ein Ding der Unmöglichkeit, sich mit den Verhältnissen des Bankkunden, des Kreditnehmers, in der Weise vertraut zu machen, wie dies der Privatbankier, der aber jetzt aus dem gewerblichen Leben fast verschwunden ist, vermochte. Bei ihm spielte das persönliche Vertrauen eine bedeutende Rolle. Seine Existenzbedingung war zu einem wesentlichen Teil auf dem Personalkredit begründet, und hier war das eigentliche Betätigungsfeld des Privatbankierstandes zu finden. Bei den Großbanken hat der reine Personalkredit aus den angeführten Gründen heute nur eine geringe Bedeutung. Die Banken können sich schwerlich mit den persönlichen Verhältnissen des einzelnen derart vertraut machen, daß sie einen Maßstab für das persönliche Vertrauen bei der Kreditgewährung gewinnen können.

Blankokredit, d. h. ungedeckter Kredit, der nur auf persönlichem Vertrauen beruht, wird nur den allerersten Unternehmungen gewährt. ,,Als reiner Personalkredit ist der Bankkredit nur für größere, durch ihr Vermögen oder ihre geschäftlichen Beziehungen Garantie gewährende Firmen erreichbar, so daß das Personalkreditbedürfnis der großen Masse der Gewerbetreibenden, insbesondere des Kleingewerbes, durch diese Anstalten keine Befriedigung erfährt. Außerordentlich unbefriedigend ist die Organisation der gewerblichen Betriebskredite in Österreich, wo der Bankkredit nur den bemittelten Gewerbetreibenden zur Verfügung steht[1]).

Dem gewerblichen Betriebskredit dienen auch die Kredit- und Vorschußvereine, die vor allem den Zweck haben, dem Handwerker billigen und leicht zugänglichen Kredit zu verschaffen. Wie befriedigen diese ihre Aufgabe in Österreich?

Philippovich sagt: ,,Die Zahl der gewerblichen Vorschußvereine ist gering. Dieselben kommen dem Kleingewerbetreibenden nicht genügend zugute.

In Österreich war am 1. Januar 1910 der Gesamtstand der nach dem Gesetz von 1873 registrierten Erwerbs- und Wirtschaftsgenossenschaften 13 824. Von den Vorschußvereinen nach Schultze-Delitzsch gab es im ganzen 3893 Genossenschaften, und davon entfielen nur 910 auf gewerbliche Genossenschaften. Dies sind nur 6½ % von sämtlichen Genossenschaften und nur 23⅓ % von den Vorschußvereinen.

Die Kreditgenossenschaften in Österreich haben demnach für den gewerblichen Betriebskredit keine große Bedeutung.

---

1) Philippovich, a. a. O., Bd. 2, 1. Teil, S. 315.

Das Resultat: In Österreich ist die Entwicklung des Kreditwesens, sowohl die der Banken als auch der Genossenschaften, nicht dahin gegangen, das Bedürfnis nach Betriebskredit weiter Kreise der gewerblichen Bevölkerung, das durch die schwer darniederliegenden Zahlungsverhältnisse, durch das bis in die höchsten Schichten eingreifende Borgsystem in Österreich bedingt war, befriedigen zu können. Der Selbsterhaltungstrieb drängt notwendig dazu, einen anderen Weg zu beschreiten, den erforderlichen Betriebskredit in hinreichendem Maße sich zu beschaffen. Man fand ihn in der Diskontierung von Buchforderungen. Es wuchs also dieselbe organisch aus den allgemeinen wirtschaftlichen Verhältnissen hervor.

Im folgenden soll nun noch gezeigt werden, daß auch von seiten der Banken durch den Mangel an Wechselmaterial und der Konkurrenz der Großbanken untereinander die Einführung der Diskontierung von Buchforderungen Unterstützung fand, und dieselben deren Pflege förderten.

Der Wechselmangel in Österreich war nicht allein vorhanden durch die geringe Wechselproduktion im Lande, sondern relativ auch durch die Konkurrenz der Banken untereinander. Ein Mangel an Wechseln bedeutet für die Banken eine Verschlechterung der Liquidität.

Ein oberstes Prinzip der Bankpolitik muß es sein, den Status der Banken stets liquid zu halten. Geh. Finanzrat Waldemar Müller sagt hierüber: „Wir Bankdirektoren rechnen wie das Reichsbankgesetz mit der schon einen Run von bisher nicht dagewesenem Umfange darstellenden Eventualität, daß ein Drittel der gesamten fremden Gelder in kurzer Zeit zurückgefordert wird, und legen uns die Frage vor, wie wir die Rückzahlungsmittel bereitstellen, ohne das Geschäft einzureißen, und ohne unsere Kreditkunden durch Kündigung der Kredite in Verlegenheit zu bringen. In dieser ungefähren Höhe müssen wir parate Mittel, und zwar zu einem möglichst hohen Betrage in international verwertbaren Effekten, Reports und Prima-Wechseln stets zur Verfügung halten[1]).“ Zu genannten Anlagemitteln tritt noch der

[1]) a. a. O., S. 119.

Barbestand hinzu. Dieser aber beläuft sich nur so hoch, als er dazu dient, die täglich erforderlichen Verbindlichkeiten zu decken. Durch die Erfahrung finden die Banken denjenigen Betrag heraus, der unter normalen Verhältnissen stets vorhanden sein muß, die laufenden Bedürfnisse zu befriedigen. Was über diesen Betrag hinausgeht, wird von den Banken gewinnbringend angelegt. Die Anlage erfolgt in zweierlei Weise:

1. in langfristigen,
2. in möglichst kurzfristigen, jederzeit schnell realisierbaren Anlagen.

Bei beiden ist natürlich das Streben vorhanden, einen möglichst hohen Zinsertrag zu erreichen. Die kurzfristigen Anlagemittel stellen den Reservefonds dar, der dazu dient, im Falle eines außergewöhnlichen Bedarfes die Mittel zur Deckung desselben herbeizuschaffen. Aus dem Zweck der kurzfristigen Anlagen geht hervor, daß sie schnell realisierbar sein müssen. Diese Eigenschaft besitzt in hervorragendem Maße der Wechsel. Es kommt hinzu, daß er einen hohen Zinsertrag abwirft. Er ist das vornehmste Mittel zur Aufrechterhaltung der Liquidität der Banken. Die anderen Mittel wie Effekten und Reports leiden daran, daß gerade in Zeiten des Konjunkturrückganges, nämlich dann, wo ein Run entstehen kann, ihre Qualität sich verringert durch das Schwinden des allgemeinen Vertrauens, der Kurs der Effekten sinkt, und große Verluste für die Kreditinstitute selbst dadurch entstehen. Auch der internationale Charakter von Effekten bildet keinen Schutz vor der Möglichkeit des Sinkens dieser Werte, umsoweniger als unsere heutigen Krisen, wie es bei der jetzigen der Fall ist, internationaler Natur sind.

Der Wechsel ist dagegen kraft der ihm eigenen Wechselstrenge als Urkundenpapier von großer Sicherheit.

Aus der folgenden Statistik (siehe S. 21) ersehen wir nun, daß in Österreich im allgemeinen der prozentuale Anteil des Wechsels an den Betriebsmitteln der Banken abgenommen hat.

Bei der Österr.-Ungar. Bank sank also dieses Verhältnis von 24,24 auf 15,89 % um 8,35 %. Bei allen Banken von

Prozentualer Anteil des Wechselvorrates an den Betriebsmitteln.

Jahr	Österr.-Ungar. Bank	Die übrigen österr. Banken	alle Banken
1890	24.24	11.76	16.13
1891	27.12	12.49	17.56
1892	23.07	14.96	17.75
1893	22.51	12.94	16.08
1894	22.77	12.75	15.97
1895	23.97	13.26	16.88
1896	22.55	12.96	16.25
1897	20.44	12.94	16.13
1898	24.69	12.14	16.31
1899	23.54	11.56	15.25
1900	20.08	13.23	15.39
1901	14.25	14.35	14.32
1902	14.19	14.30	14.27
1903	15.89	12.67	13.64 [1]

16,13 % auf 13,64 %, also um 2,49 %. Dagegen ist der prozentuale Anteil des Wechselvorrates an den gesamten Betriebsmitteln bei den österreichischen Banken, außer der Österr.-Ungar. Bank etwas gestiegen, allerdings nur von 11,76 % im Jahre 1890 auf 12,67 % im Jahre 1903, d. h. nur um 0,91 %, aber seit 1900 wieder gefallen, und zwar um 0,56 % und seit 1902 um 1,63 %. Die kleine Steigerung gegenüber dem starken Sinken bei der Österr.-Ungar. Bank läßt die starke Konkurrenz zwischen den Großbanken einerseits und der Österr.-Ungar. Bank andererseits auf dem Wechselmarkte erkennen.

Wir ersehen aus der kurzen Darlegung, daß durch die gewaltige Ausdehnung des Betriebes der Banken auf der einen Seite ein großes Bedürfnis nach guten Anlagemitteln vorhanden ist, auf der anderen Seite ist aber der Wechsel als vornehmstes Anlagemittel im Verhältnis zu den gesamten Betriebsmitteln zurückgegangen. Das oberste Prinzip der Bankpolitik, den Status der Banken in möglichst liquidem Zustande zu erhalten, verlangt aber einen möglichst großen prozentualen Besitz an Wechseln als Anlagemittel. Wenn

[1]) a. a. O., Deimel, S. 27.

daher in der Diskontierung von Buchforderungen durch ihre Sicherheit in Verbindung mit dem Deckungswechsel ein vorzügliches Anlagemittel entstand, das den Anforderungen, die an ein solches gestellt werden, wie später dargelegt wird, entspricht, so ist es begreiflich, daß die Banken, gedrängt durch die ungünstige Entwicklung des Wechselmarktes in Österreich, die Entstehung der Buchforderungsdiskontierung unterstützten und selbst für ihre Verbreitung Sorge trugen.

Fassen wir zum Schluß die Darlegungen über die wirtschaftlichen Voraussetzungen zur Diskontierung von Buchforderungen noch einmal kurz zusammen, so ergeben sich folgende Resultate:

Wir sahen, daß in Österreich die Zahlungsverhältnisse sehr darniederliegen, ein starkes Borgsystem bei der Bevölkerung tief eingewurzelt ist. Teils hervorgerufen aus diesen Mißständen, teils aus dem agrarischen Charakter des Landes, zeigt sich eine allgemeine Abneigung gegen das Akzeptieren des Wechsels. Es entsteht dadurch der Übelstand offener unbegrenzter Zahlungstermine. Wir sahen, daß alle Versuche, bessere Zahlungsmethoden, die auf Barzahlung hinzielten, einzuführen, an dem Festhalten an den gewohnten Zahlungssitten scheiterten. Durch die Nachteile dieser laxen Zahlungsverhältnisse nud durch die Übermacht des Großkapitals ist ein großer Teil der gewerblichen Bevölkerung in eine wirtschaftlich schwierige Situation hineingeraten. Der Mangel an Betriebskapital bedroht ihre Existenz. Wir sahen, daß von seiten der bestehenden Kreditinstitute eine genügende Befriedigung des Betriebskapitalbedürfnisses nicht zu erwarten war. Der Selbsterhaltungstrieb suchte neue Mittel und Wege. Die ganze Entwicklung drängte zur Einführung der Diskontierung von Buchforderungen. Endlich sahen wir aber auch, daß die Entwicklung der Kreditorganisation durch die Konkurrenz der Banken untereinander und durch den Mangel an Wechselmaterial dahin ging, daß die großen Kreditinstitute die Diskontierung von Buchforderungen begünstigten.

Es lagen also in den allgemeinen wirtschaftlichen Verhältnissen, sowohl in dem Verhältnis zwischen Produzent und Konsument als auch zwischen Kreditgeber und Kreditnehmer, die natürlichen Voraussetzungen zur Einführung der Diskontierung von Buchforderungen in Österreich.

Heute wird die Diskontierung von Buchforderungen in Österreich von Privatdiskonteuren, von Aktienbanken, von durch diese errichteten, auf genossenschaftlicher Basis beruhenden Kreditvereinen, von Erwerbs- und Wirtschaftsgenossenschaften und in jüngster Zeit auch von einer Gesellschaft mit beschränkter Haftung betrieben. Die Privatdiskonteure pflegten am frühesten die Diskontierung von Buchforderungen. Ihr Wirkungskreis ist jedoch ein unbedeutender. Von den 9 bekanntesten Firmen sind es nur zwei, die einen jährlichen Umsatz von über 1 Million Kronen erzielen sollen. Auch die Aktienbanken betreiben die Diskontierung von Buchforderungen in verhältnismäßig geringem Umfange. Die hervorragendste Bedeutung haben die in den letzten 2 Jahrzehnten entstandenen Genossenschaften. Davon betreiben ca. 9 die Diskontierung von Buchforderungen ausschließlich, die anderen Genossenschaften diesen Kreditzweig neben anderen Geschäften. Die Genossenschaften, die die Diskontierung von Buchforderungen ausschließlich betreiben, die wir der Kürze halber als Diskontierungs-Genossenschaften bezeichnen wollen, diskontierten nach Dr. Prager im Jahre 1907 allein 275 Millionen Kronen Buchforderungen, während auf alle übrigen Unternehmungen nur 75 Millionen Kronen entfielen.

Im Jahre 1892 trat die erste Vereinigung auf genossenschaftlicher Basis, die Wiener Kreditgesellschaft für Industrie und Handel, ins Leben. Sie wurde von 30 Firmen begründet. Diese Genossenschaft war an den Wiener Bank-Verein angegliedert. Zunächst wurde die Diskontierung von Buchforderungen noch nicht betrieben, sondern man machte den Versuch, die nicht akzeptierte Tratte einzuführen. Da aber hier die Verständigung des Drittschuldners stattfand, löste sich ein Teil der Mitglieder von der Wiener Kreditgesellschaft für Industrie und Handel los und gründete im Jahre 1894 eine neue Genossenschaft. Es ist die Österreichische Diskonto-Gesellschaft, die erste, die die Diskontierung von Buchforderungen in der Weise betrieb, daß der Drittschuldner nicht benachrichtigt wurde. Auch diese Genossenschaft lehnte sich an den Wiener Bankverein an. Bald darauf nun führte auch die Kreditgesellschaft für Industrie und Handel die Diskontierung von Buchforderungen ohne Verständigung des Drittschuldners ein. Sie wechselte aber ihre Bankverbindung, indem sie Kreditverträge mit der Kreditanstalt und Bodenkreditanstalt abschloß.

Da nun diese Genossenschaften günstigen Boden fanden, gute Erfolge aufzuweisen hatten, fand die Gründung einer Reihe von neuen Genossenschaften in Wien, Prag, Brünn, Graz, Triest usw. statt. Auch führten in der Folge Banken und Privatdiskonteure diesen Kreditzweig neu ein. Heute kommt wesentliche Bedeutung, wie bereits oben erwähnt, nur den Genossenschaften zu, die diesen Kreditzweig nur ausschließlich betreiben.

Im folgenden gehen wir über zu der Darstellung der Organisation und des Betriebes der Diskontierungs-Genossenschaften, d. h. derjenigen Genossenschaften, die speziell zur Pflege der Diskontierung von Buchforderungen errichtet worden sind. Die Beschränkung auf die Darstellung nur dieser Unternehmungsform findet statt:

1. weil ihr die größte Bedeutung zukommt,

2. weil sie speziell zum Betrieb der Diskontierung von Buchforderungen errichtet worden,

3. weil ihr Betrieb auch typisch ist für die anderen Unternehmungsformen.

Zweiter Abschnitt.

Organisation und Betrieb der Diskontierung von Buchforderungen in Österreich.

Die Genossenschaften, die die Diskontierung von Buchforderungen betreiben, gründen sich auf das Gesetz vom 9. April 1873; sie sind Erwerbs- und Wirtschaftsgenossenschaften. Die Form ist die der Genossenschaften m. b. H.

Der Zweck
dieser Genossenschaften ist die gegenseitige Beschaffung der

im Gewerbe erforderlichen Geldmittel auf gemeinschaftlichen Kredit.

Der Wirkungskreis
ist nur auf die Mitglieder beschränkt und erstreckt sich in der Hauptsache darauf:

a) den Mitgliedern offene Buchforderungen und Fakturen zu diskontieren;

b) daneben auch für die Mitglieder

1. Wechsel zu diskontieren;
2. Akzeptationskredit zu gewähren;
3. Wechsel einzuziehen.

Die Organe.

I. Die Generalversammlung.

Sie nimmt bei der Genossenschaft eine ähnliche Stellung ein wie das gleiche Organ bei der Aktiengesellschaft. Wie bei dieser die Generalversammlung das Organ der Aktionäre ist, so ist sie bei der Genossenschaft das Organ der Genossen, durch welches sie ihren Willen zum Ausdruck bringen. Sie ist die höchste Instanz in Gesellschaftsangelegenheiten. Die Generalversammlung ist entweder eine ordentliche oder außerordentliche.

Die ordentliche Generalversammlung muß jedes Jahr nach dem Rechnungsabschluß stattfinden. Die Einberufung erfolgt durch den Verwaltungsrat oder Vorstand.

Außerordentliche Generalversammlungen können einberufen werden, so oft der Vorstand oder Verwaltungsrat es für notwendig erachten. Sie müssen einberufen werden in folgenden Fällen:

1. wenn dies von einer Anzahl von Genossen verlangt wird, deren Besitz an Geschäftsanteilen mindestens ein Viertel des gesamten Anteilscheinvermögens beträgt;

2. wenn das Geschäftsvermögen durch Verlust auf die Hälfte herabgesunken ist.

Die Leitung der Generalversammlung erfolgt durch ein von den Vorstandsmitgliedern zum Präsidenten gewähltes Vorstandsmitglied.

Das Stimmrecht. Jedes Mitglied hat so viel Stimmen, als es Anteile besitzt. Das Stimmrecht kann übertragen werden, jedoch ist die Anhäufung der Stimmen in einer Hand beschränkt, so daß durchschnittlich nicht mehr als 100—150 Stimmen in eine Hand angehäuft werden können.

In den Wirkungskreis der Generalversammlung gehören folgende Angelegenheiten:

1. die Wahl der Verwaltungsräte;
2. die Wahl der Revisoren;
3. die Wahl der Schriftführer;
4. die Wahl der Zensoren;
5. die Prüfung und Genehmigung des Rechenschaftsberichtes und der Bilanz;
6. Beschluß über den Antrag des Vorstandes betreffend die Verzinsung der Anteilscheine;
7. die Abänderung oder Ergänzung des Genossenschaftsstatutes;
8. die Liquidation und Auflösung der Genossenschaft;
9. die Entscheidung über selbständige Anträge der Mitglieder.

Die Beschlußfähigkeit: Es ist zur Beschlußfähigkeit der Generalversammlung ein Quorum vorgesehen, und zwar in der Regel ein Viertel der Geschäftsanteile. Zur Abänderung oder Ergänzung des Genossenschaftsstatutes, ferner zur Liquidation und Auflösung der Genossenschaft ist die Vertretung von mindestens der Hälfte der Geschäftsanteile erforderlich.

Beschlußfassung: In diesen beiden Fällen dürfen auch die Beschlüsse nur mit Zwei-Drittel-Majorität der abgegebenen Stimmen gefaßt werden, während in allen übrigen Fällen einfache Majorität der abgegebenen Stimmen genügt.

II. Der Vorstand.

Der Vorstand oder Verwaltungsrat, wie er auch zuweilen genannt wird, ist im Sinne des § 15 des Gesetzes vom 9. April 1873 das berufene Willensorgan der Genossenschaft in allen Angelegenheiten, deren Erledigung ihm durch Gesetz oder Statut übertragen ist. Er ist der gesetzliche Vertreter der Genossenschaft, ihm liegt die Leitung derselben ob. Der

Vorstand besteht aus 8—24 Mitgliedern, die aus der Zahl der Genossen durch die Generalversammlung auf 3—6 Jahre in der Regel gewähft werden. Aus seiner Mitte werden 3 Verwaltungsräte ernannt, die als Exekutivorgan die Beschlüsse des Gesamtvorstandes zum Vollzuge bringen und den Geschäftsgang fortlaufend überwachen. Ein aus der Mitte der Vorstandsmitglieder gewählter Präsident leitet die Sitzungen des Vorstandes.

Die Funktionen des Vorstandes: Der Vorstand hält in der Regel monatlich mindestens eine Sitzung ab. Auf Ansuchen von 2—3 Verwaltungsräten kann eine solche jederzeit einberufen werden. Er beschließt in allen Angelegenheiten, welche nicht nach den Statuten der Generalversammlung vorbehalten sind, insbesondere über:

1. Anstellungs- und Entlassungsverhältnisse der Beamten;
2. die Festsetzung der Reglements über die Geschäftsführung der Genossenschaft;
3. die Geschäftsordnung und Dienstpragmatik;
4. die Aufnahme neuer Genossen;
5. zuweilen auch über die Übertragung von Anteilen;
6. über die Genehmigung der zur Diskontierung eingereichten Buchforderungen und Wechsel;
7. die Bewilligung und Höhe des Kredits;
8. die Einberufung der Generalversammlung.

Die Beschlußfähigkeit. Auch beim Vorstand ist ein Quorum vorgesehen, und zwar in der Regel mindestens ein Drittel der Mitglieder.

Die Beschlußfassung erfolgt mit einfacher Majorität; qualifizierte Mehrheit ist in mehreren Abstufungen bei der Bemessung des zu bewilligenden Kredits erforderlich; Stimmeneinhelligkeit meistenteils bei der Aufnahme neuer Mitglieder.

III. Der Aufsichtsrat.

Er wird alljährlich von der Generalversammlung aus den dem Vorstande nicht angehörigen Mitgliedern gewählt und besteht aus 3—5 Mitgliedern. Er ist verpflichtet, monatlich, mindestens aber alle zwei Monate, Bücher und Kassa zu revidieren, worüber durch einen Obmann in der nächsten Aufsichtsratssitzung Bericht zu erstatten ist.

Dem Aufsichtsrat liegt ferner ob, die Richtigkeit der Jahresbilanz zu prüfen und den Befund der Generalversammlung vorzulegen.

Vermögen und Betrieb.

Das Vermögen besteht

1. aus den von den Mitgliedern eingezahlten Geschäfts anteilen. Der Nominalbeitrag derselben ist bei den einzelnen Genossenschaften verschieden; er beträgt 100—500 Kronen; er lautet auf den Namen der Mitglieder. Die Anteile können bei einigen Genossenschaften in Raten eingezahlt werden. Bei der ersten Kreditinanspruchnahme ist jedoch Vollzahlung, und zwar in bar, erforderlich. Bei anderen Genossenschaften muß sofort volle Barzahlung geleistet werden,
2. aus dem gesetzlichen und dem Spezial-Reservefonds. Diese setzen sich zusammen:
   a) aus den Überweisungen von den Jahresüberschüssen;
   b) aus Einschreibegebühren, die die Mitglieder beim Eintritt zu entrichten haben.

Die Anteile können übertragen werden. Voraussetzung hierzu ist:

1. die Zustimmung des Vorstandes;
2. die Beitrittserklärung des neuen Erwerbers als Genosse.

Über die Aufnahme neuer Genossen entscheidet der Vorstand, in der Regel mit Stimmeneinhelligkeit.

Mitglieder können sowohl physische als auch juristische Personen sein, protokollierte Handelsfirmen, Aktiengesellschaften und Gesellschaften mit beschränkter Haftung.

Die Mitgliedschaft erlischt

1. durch Kündigung seitens der Genossenschaft oder des Mitgliedes. Die Kündigung seitens der Genossenschaft kann jederzeit erfolgen; seitens des Mitgliedes nur für das Ende des Geschäftsjahres;

2. durch Ausschließung aus der Genossenschaft;
3. durch Konkurs oder die Kuratelverhängung;
4. bei Einzelfirmen und physischen Personen durch den Tod.

ad. 2. Ein Mitglied kann durch den Vorstand aus der Genossenschaft ausgeschlossen werden:

a) wenn die Personen der Firmainhaber wechseln oder überhaupt eine Firmaänderung eintritt;

b) falls das Mitglied sein Geschäft liquidiert;

c) bei Gesellschaftsfirmen, wenn eine Firma in Konkurs oder unter Kuratel kommt;

d) wenn das Mitglied in Zahlungsstockung gerät;

e) wenn dasselbe seine Buchforderungen auch anderweitig diskontieren oder belegen läßt, ohne vorher hierzu die erforderliche Zustimmung der Genossenschaft eingeholt zu haben;

f) wenn das Mitglied der Genossenschaft gegenüber seine Verbindlichkeiten nicht pünktlich erfüllt, insbesondere die ihm anvertraute Einkassierung der diskontierten Beträge nicht rechtzeitig an die Genossenschaft abtritt, oder den diskontierten Betrag nicht sofort bar erlegt, wenn die als Grundlage dienende Forderung nicht zu Recht besteht.

Bisher ist der Versuch gemacht worden, den Aufbau der Genossenschaften darzustellen. Im folgenden wollen wir betrachten, wie sich der Verkehr zwischen der Genossenschaft und den Genossen vollzieht. Um eine klare Vorstellung zu gewinnen, und um Wiederholungen zu vermeiden, ist es am zweckmäßigsten, wenn die Vorgänge chronologisch vom Eintritt des Genossen in die Genossenschaft bis zur Erfüllung der Pflichten bei Inanspruchnahme des Kredits verfolgt werden. Bei einzelnen wesentlicheren Punkten muß dabei länger verweilt werden.

Die Zuführung neuer Mitglieder erfolgt entweder durch schriftlichen Antrag des Bewerbenden an den Vorstand durch Darlehnsagenten oder durch Beamte der Genossenschaft. Der Vorstand entscheidet meistens durch einhelligen Beschluß über die Aufnahme des Bewerbers.

Der Beschluß ist abhängig von der Kreditwürdigkeit des Bewerbers. Diese wird bemessen nach wahrheitsgetreuer

Selbstauskunft und nach Auskünften, die über den Bewerber eingeholt werden. Ferner ist er verpflichtet, eine Bilanzabschrift einzureichen und Auskunft zu geben über die Registrierung von Ehepakten und hypothekarischen Belastungen. Endlich hat der Bewerber noch Angaben über die Höhe des Kredits zu machen, den er in Anspruch nehmen will.

Über die Höhe des zu bewilligenden Kredits entscheidet der Vorstand nach einem von ihm festzusetzenden Turnus. Es darf jedoch kein Mitglied des Vorstandes bei solchen Gegenständen, die dasselbe bzw. seine Firma betreffen, der Beratung und Beschlußfassung beiwohnen. Bei der Zensur dürfen auch Vorstandsmitglieder bei Einreichungen direkter Konkurrenzfirmen nicht mitwirken und auch in die betreffenden Akten nicht Einsicht nehmen. Statutenmäßig ist eine Höchstsumme vorgesehen, und zwar in der Regel 300 000 bis 500 000 Kronen. Unter erschwerten Bedingungen ist bei der Wiener Kreditgesellschaft noch eine höhere Kreditinanspruchnahme möglich.

Bei der Bemessung der oberen Kreditgrenze gilt ein aus der Praxis gewonnener Grundsatz, daß eine Firma einen zwei- oder dreimal so großen Betrag an Außenständen haben muß als der Kreditbetrag, den sie in Anspruch nimmt.

Zur Beschlußfähigkeit über die Kreditbewilligung ist meistens ein bestimmtes Quorum vorgesehen und zur Beschlußfassung eine qualifizierte Mehrheit erforderlich; bei der Wiener Kreditgesellschaft für Industrie und Handel ist die Mehrheit je nach der Höhe des Kredits abgestuft. Handelt es sich um einen Beschluß, durch welchen einem Genossen ein Kredit von mehr als 200 000 Kronen, jedoch nicht höher als 500 000 Kronen, eingeräumt werden soll, dann ist eine Dreiviertel-Majorität, bei einem Kredit von mehr als 500 000 Kronen eine Sieben-Achtel-Majorität erforderlich.

Bei einigen Genossenschaften ist auch eine Kreditgrenze nach unten festgestellt worden, die zwar nicht statutenmäßig geregelt ist, jedoch in der Praxis stets beobachtet wird. In der Regel beträgt dann die untere Grenze 10 000 Kronen. Tritt eine Veränderung der Person des Inhabers oder eines Teilhabers der Kredit genießenden Firma ein, so muß eine neue Bestätigung des Kredits nachgesucht werden.

Nach Aufnahme des Mitgliedes muß dasselbe Anteile übernehmen, und zwar in der Regel mindestens 5—10 % des ihm bewilligten Kreditbetrages.

Welche Pflichten bzw. Vorgänge knüpfen sich für den Genossen nun an die Inanspruchnahme des Kredits?

Der Genosse muß ein Verzeichnis derjenigen Forderungen einreichen, die diskontiert werden sollen. Dabei müssen alle Abzüge vom Preise, Skonto, Rabatt, Emballage, Frachtvergütung usw. einzeln aufgeführt werden. Von der Diskontierung sind in der Regel von vornherein ausgeschlossen:

1. strittige Forderungen;
2. Buchforderungen an Verwandte des Einreichers;
3. Forderungen an einen Schuldner, mit dem der Einreicher in Gegenrechnung steht;
4. Forderungen aus Kommissionsgeschäften wider den Kommissionär;
5. alle Forderungen, auf welche dritte Personen ein Recht erworben haben;
6. Forderungen in außereuropäischen Staaten.

Buchforderungen an europäische Ausländer werden in der Regel nur unter Bestellung besonderer Sicherheiten diskontiert. Die Forderungen dürfen nur solche sein, die auf Grund von Warenlieferungen entstanden sind; in der Regel dürfen sie nicht eine längere Laufzeit haben als 3 Monate, höchstens und ausnahmsweise 6 Monate. Im letzteren Falle muß die Forderung zweimal eingereicht werden und wird behandelt wie zwei Forderungen mit je dreimonatlicher Laufzeit. Ferner ist der Einreicher verpflichtet, über die Abtretung der diskontierten Beträge in genau vorgeschriebener Weise die Buchungen in seinen Büchern vorzunehmen; einen Auszug über diese Buchungen muß der Genosse der Genossenschaft ebenfalls zur Kontrolle einreichen. Es werden nun die bewilligten Forderungen sämtlich an die Genossenschaft zediert.

An dieser Stelle soll mit wenigen Worten auf die Rechtsfolgen der Zession eingegangen werden.

Drei Rechtsverhältnisse sind dabei zu scheiden:

1. Zwischen Zedent und Zessionar. Jener ist verpflichtet, dem neuen Gläubiger zur Geltendmachung der

Forderung nötige Auskunft zu erteilen und ihm die zum Beweis der Forderung dienenden Urkunden, soweit sie sich in seinem Besitz befinden, auszuliefern (§ 1394 a. b. G. § 402 BGB.). Der Zedent haftet dafür, daß die Forderung frei von Rechten ist, die von Dritten geltend gemacht werden können (BGB. § 434). Er haftet ferner für die Einbringlichkeit der Forderung, daß dieselbe rechtlichen Bestand habe (§ 1397 a. b. G. § 438 BGB.). Praktische Anwendung finden diese rechtlichen Verhältnisse bei der Diskontierung von Buchforderungen in der Haftung der Genossen. Um die Rechtsansprüche der Genossenschaft auf eine sichere Basis zu stellen, ist nämlich für die Genossen eine noch über die Summe der Anteile hinausgehende Haftung statutarisch vorgesehen worden. So haftet jedes Mitglied für alle von der Genossenschaft eingegangenen Verbindlichkeiten, soweit dieselben durch das Genossenschaftsvermögen nicht gedeckt sind, außer mit dem Betrage seiner Geschäftsanteile auch noch mit einem weiteren Betrage in der Regel in der Höhe derselben, bei der Diskonto-Gesellschaft und bei der Böhmischen Industrialbank mit einem weiteren Betrage in der zweifachen Höhe der Anteile und außerdem (gleichgültig, ob es den ihm eingeräumten Kredit ganz oder teilweise oder gar nicht in Anspruch nimmt) bis zur Höhe des ihm eingeräumten Kreditbetrages.

Das zweite Rechtsverhältnis besteht zwischen der Genossenschaft (Zessionar) und dem Drittschuldner.

Die Genossenschaft kann gegenüber dem Drittschuldner alle der Forderung anhaftenden Rechte geltend machen. Mit der abgetretenen Forderung gehen die Hypotheken- und Pfandrechte, die für sie bestehen, sowie die Rechte aus einer für sie bestellten Bürgschaft auf den neuen Gläubiger über. Ein mit der Forderung für den Fall der Zwangsvollstreckung oder des Konkurses verbundenes Vorzugsrecht kann auch der neue Gläubiger geltend machen (§ 1394 a. b. G. § 401 BGB.). Dagegen kann der Drittschuldner die Einwendungen entgegensetzen, die zur Zeit der Abtretung der Forderung gegen den bisherigen Gläubiger begründet waren (§ 1396 a. b. G. § 404 BGB.).

3. Das Rechtsverhältnis zwischen Zedent und Debitor

Zessus. Dieses gestaltet sich verschieden, je nachdem der Drittschuldner von der Zession der Forderung benachrichtigt wird oder nicht. Eine Benachrichtigung findet in der Regel nicht statt. Die rechtlichen Konsequenzen sind dann die, daß in solchem Falle der neue Gläubiger eine Leistung, die der Schuldner nach der Abtretung an den bisherigen Gläubiger bewirkt, sowie jedes Rechtsgeschäft, das nach der Abtretung zwischen dem Schuldner und dem bisherigen Gläubiger in Ansehung der Forderung vorgenommen wird, gegen sich gelten lassen muß. Der Debitor Zessus kann demnach seine Zahlungen an den Zedenten leisten (§ 1395 a. b. G. § 407 BGB.).

Eine praktische Anwendung finden auch diese Rechtsverhältnisse bei der Diskontierung von Buchforderungen in Maßnahmen zum Schutze der Genossenschaft gegenüber den Genossen. In dem Abschnitte über Begriff und Wesen der Diskontierung von Buchforderungen ist auseinandergesetzt worden, daß die Zession nach der österreichischen Judikatur einen Eigentumsübergang bedeutet. In allen Statuten ist die Bestimmung getroffen worden, daß die Genossenschaft den Genossen mit der Einhebung der auf die diskontierten Buchforderungen einfließenden Beträge und Werte betraut, und fügt ausdrücklich hinzu, daß dieselben ein dem Genossen anvertrautes Gut darstellen, welches mit Ausschluß jeder etwaigen Kompensation der Genossenschaft sofort nach Eingang abzuführen ist. Ferner gehört hierher die Bestimmung, daß, wenn eine Forderung nicht zu Recht besteht, oder dieselbe irgendeine Änderung ihres rechtlichen Bestandes erfährt, wenn sie der Einreicher an andere Personen überträgt, wenn sie vom Buchschuldner in irgendeiner Weise bestritten wird, wenn der Buchschuldner insolvent wird oder in Zahlungsstockung gerät, oder gegen ihn eine Exekution geführt wird, dann der Einreicher verpflichtet ist, den entsprechenden Betrag sofort in bar zu erlegen.

Um den rechtlichen Bestand der Forderung verfolgen zu können, steht der Genossenschaft das Recht zu, jederzeit in die Handelsbücher Einsicht zu nehmen, beglaubigte Buchauszüge, Auskünfte, Ausfolgung von Korrespondenzen zu verlangen. Der Vorstand hat in der Regel jährlich wenigstens einmal diese Kontrolle hinsichtlich der diskontierten Forderungen bei jedem Mitgliede vornehmen zu lassen.

Bei den Kreditgenossenschaften, die die Diskontierung von Buchforderungen nebenbei betreiben, und den Banken wird der Drittschuldner vielfach benachrichtigt. Dies hat die rechtliche Folge, daß die Zahlung nicht mehr an den Zedenten, sondern unmittelbar vom Drittschuldner an den Kreditgeber geleistet werden muß. Die Benachrichtigung findet auch meistenteils statt bei der Diskontierung von Fakturen; diese stellen Rechnungen über Forderungen aus Warenlieferungen dar, die an den Schuldner noch nicht ausgeliefert sind.

Als letztes Erfordernis endlich zur Erlangung des Kredits auf Grund der übertragenen Forderungen ist neben der Bewilligung des Vorstandes, der Überreichung eines Auszuges über die Eintragung in die Bücher, der Zession, ein Deckungswechsel erforderlich, der der Genossenschaft eingereicht wird. Dieser hat den Zweck, die Geldmittel zu erlangen, und dient dazu, dem Kreditnehmer gegenüber die Rechte in der strengen Form des Wechselverfahrens geltend machen zu können. Der Deckungswechsel stellt nicht die Beurkundung des Darlehns dar, das die Genossenschaft dem Kreditnehmer für den Erwerb der Forderung gibt; das Primäre ist stets das Forderungsrecht, das Sekundäre der Wechsel. Dieser tritt in 3 Formen auf:

1. bei der Fakturendiskontierung und bei der Diskontierung von Buchforderungen, wenn der Drittschuldner benachrichtigt wird, dient als Deckungswechsel eine von dem Kreditnehmer auf den Drittschuldner gezogene Tratte. In den übrigen Fällen stellt entweder

2. der Kreditnehmer ein Akzept aus oder

3. einen Wechsel auf die Genossenschaft, die denselben ihrerseits akzeptiert.

Der Deckungswechsel lautet auf die Summe, die dem Kreditnehmer auf Grund der Buchforderungen bewilligt wird. Es werden in der Regel nur 70—90 % von dem Betrage der eingereichten Forderungen diskontiert.

Die Kosten, die für den Kreditnehmer durch die Diskontierung von Buchforderungen entstehen, setzen sich zusammen:

1. aus dem Diskontsatz. Dieser bewegt sich zwischen $\frac{1}{4}$—2 % über der offiziellen Bankrate,

2. aus der Provision gewöhnlich in Höhe von 1‰,

3. aus den Manipulationsgebühren von $\frac{1}{4}$ %.

Zu diesen Kosten treten noch diejenigen hinzu, die bei der Aufnahme entstehen.

Wie erlangen nun die Genossenschaften ihre Geldmittel?

Es kommen dafür zunächst die eingezahlten Beträge auf die Genossenschaftsanteile in Frage. Diese reichen jedoch bei weitem nicht aus. Deshalb sind die Genossenschaften Banken angegliedert. So z. B. die Österreichische Diskontogesellschaft dem Wiener Bankverein;

die Wiener Kreditgesellschaft für Industrie und Handel der K. K. Priv. Österreichischen Kreditanstalt für Handel und Gewerbe und der K. K. Priv. Allg. Österreichischen Bodenkreditanstalt;

die Eskompte-Gesellschaft für Industrie und Handel der Filiale der K. K. Priv. Österreichischen Kreditanstalt für Handel und Gewerbe, Prag.

Mit diesen haben die Genossenschaften Verträge abgeschlossen, die die Banken verpflichten, die Kredite auf die diskontierten Buchforderungen zu gewähren. Dies geschieht in der Weise, daß die Genossenschaft die Deckungswechsel an die Bank weiterbegibt, die dieselben diskontiert.

Im übrigen besorgt die Bank auch alle anderen Geldgeschäfte, die sich zwischen Genossenschaft und Genossen vollziehen. Die Bank behält sich dagegen ein Mitbestimmungsrecht bei der Kreditgewährung vor. Bei der Diskontogesellschaft, bei der Böhmischen Industrialbank erfolgt die Zensur sogar direkt durch ein Mitglied der Bank unter Hinzuziehung von Genossen als Zensoren. Vielfach ist auch die Aufnahme neuer Mitglieder an die Zustimmung der Bank geknüpft.

Die Deckung bzw. Rückzahlung des gewährten Kredits braucht nicht in bar zu erfolgen, sondern die diskontierten Buchforderungen können durch neue gedeckt werden (Renovierung). In Ausnahmefällen ist eine Prolongation der alten Forderungen zulässig, jedoch kann eine Forderung nur einmal prolongiert werden.

An dieser Stelle soll noch kurz auf die Organisation der von den Banken gegründeten Kreditvereine, die die Diskontierung von Buchforderungen betreiben, eingegangen werden.

Die Kreditvereine sind Gruppen von Kreditteilnehmern, welche bei der Bank unter gegenseitiger Haftung Kredit genießen. Jeder einzelne Kreditverein besteht für sich und unabhängig von den anderen. Die Haftung bezieht sich daher immer nur auf die Geschäfte innerhalb des Kreditvereins, dem das betreffende Mitglied angehört. Sie stellen jedoch Abteilungen der Bank dar, deren Geschäfte von dieser unter ihrer Zeichnung und unter Zuhilfenahme ihrer Beamten, jedoch in vollständig abgesonderter Buchführung durch die Plenarversammlung der betreffenden Kreditvereine und durch das von denselben gewählte Komitee besorgt werden.

Die Organe der Kreditvereine sind eine Plenarversammlung und das Komitee. Die Plenarversammlung hat die Aufgabe, die der Generalversammlung bei den Genossenschaften zufällt; das Komitee, ein von der Plenarversammlung gewählter Ausschuß, repräsentiert den Kreditverein gegenüber der Bank. Im übrigen ist die Regelung vollständig den Genossenschaften in der Weise, wie sie dargestellt, nachgebildet worden.

Zur Sicherung und Ausgestaltung des Geschäftsbetriebes haben sich die Unternehmungen, die die Diskontierung von Buchforderungen betreiben, in der **Evidenzzentrale für den Eskompte offener Buchforderungen** zusammengeschlossen.

Die Tätigkeit dieser Unternehmung richtet sich ganz besonders gegen die Doppelzession. Nicht unbedeutende Verluste haben nämlich manche Unternehmungen, die die Diskontierung von Buchforderungen betreiben, dadurch erfahren, daß Kreditnehmer dieselbe Forderung gleichzeitig bei zwei verschiedenen Firmen zur Diskontierung eingereicht haben. Zur Vermeidung dieser Doppelzessionen sind die Mitglieder der Evidenzzentrale an strenge Bestimmungen gebunden. Jeder Teilnehmer muß nicht nur ein genaues Verzeichnis der Firmen vorlegen, welche einen Kredit für die Diskontierung offener Buchforderungen bereits genießen, sondern auch diejenigen Firmen angeben, die nur formell um einen Kredit einkommen. Sobald Kreditgesuche bewilligt, bzw. abgewiesen werden, ist hiervon sofort Mitteilung zu machen unter Angabe der Gründe. Gleichfalls muß von jeder Veränderung im Stande des Kreditnehmers die Evidenzzentrale unverzüglich verständigt werden. Bei Lösung des Kreditverhältnisses ist bekanntzugeben, ob die Kündigung von seiten des Kreditgebers oder des Kreditnehmers erfolgt.

Nicht nur die Doppelzession, sondern auch die Inanspruchnahme eines Kredits auf Grund von offenen Buchforderungen seitens ein und derselben Firma bei mehreren Teilnehmern soll tunlichst vermieden werden und ausnahmsweise nur dann gestattet werden, wenn die Firma, bei welcher der Kreditnehmer bisher Kredit genoß, die Erweiterung desselben verweigert. Findet aber die Inanspruchnahme bei verschiedenen Firmen statt, dann müssen diese auf Verlangen der Evidenzzentrale die noch laufenden Einreichungslisten der diskontierten Buchforderungen in Ur- oder Abschrift übersenden, damit diese konstatiere, ob die Firma nicht ein und dieselbe Forderung von mehreren Teilnehmern diskontieren ließ. Zur Vermeidung der Doppelzession in solchem Falle darf jeder Teilnehmer nur eine besondere Gattung von Buchforderungen des Einreichers diskontieren, geteilt etwa entweder nach dem Domizil des Buchschuldners oder nach einem sonstigen Merkmal.

Das Evidenzbureau seinerseits ist nun verpflichtet, den Teilnehmern alle für ihre Sicherheit wichtigen Mitteilungen sofort zu machen, besonders solche, die geeignet sind, eine Doppelzession oder das Ausspielen eines Teilnehmers gegen den anderen zu verhindern.

Auf Verfehlungen gegen die Bestimmungen der Evidenzzentrale sind Konventionalstrafen gesetzt worden. Gegen die Doppelzession ist die besondere Bestimmung getroffen worden, daß, wenn trotz ordnungsmäßigen Vorganges der Evidenzzentrale eine Doppelzession stattfindet, derjenige Teilnehmer, welcher die ihm obliegenden Verpflichtungen nicht erfüllt, jedem Teilnehmer, welchem durch die Doppelzession Auslagen erwachesn, oder welcher dadurch Guthaben von den betreffenden Schuldnern nicht hereinbringt, sämtliche Auslagen und den ganzen Betrag der Schuld samt Nebengebühren ersetzen muß.

Dritter Abschnitt.

Kritik und wirtschaftliche Bedeutung der Diskontierung von Buchforderungen.

In diesem Abschnitt soll die Diskontierung von Buchforderungen einer kritischen Betrachtung unterzogen, d. h. es sollen die Vorteile und Nachteile dieses Kreditzweiges hervorgehoben — und ihre volkswirtschaftliche Bedeutung, d. h. ihre Stellung im volkswirtschaftlichen Gesamtorganismus, dargetan werden.

Was die methodische Behandlung dieses Abschnittes anbetrifft, so ist im Interesse einer anschaulichenDarstellung, des inneren Zusammenhanges, der Vermeidung von Wiederholungen von der systematischen Darstellung, wo es zweckmäßig erschien, abgewichen worden.

Von den diskontierten Forderungen im Betrage von 360 Millionen Kronen entfallen allein auf 9 Genossenschaften, die die Diskontierung von Buchforderungen ausschließlich betreiben, im Jahre 1907 275 Millionen Kronen. Der Restbetrag von 75 Millionen Kronen entfällt auf die Privatdiskonteure, von denen nur ganz wenige einen Umsatz von über einer Million Kronen erreichten, auf die Kreditgenossenschaften und Aktiengesellschaften. Weit über drei Viertel der diskontierten Beträge entfallen demnach auf die Genossenschaften, die diesen Kreditzweig ausschließlich betreiben.

Welches sind die Gründe für diese Tatsache?

Der Privatbankier ist seit dem Aufblühen der Großbanken, wo sich die Kapitalmassen in wenigen Händen ansammeln, immer mehr aus seiner Stellung verdrängt worden; ein Teil seiner Geschäfte wurde ihm entrissen, das Vertrauen zu ihm schwand immer mehr, man wandte sich den kapitalstarken Unternehmungen zu.

Der Grund für die verhältnismäßig geringe Ausdehnung des Betriebes der Diskontierung von Buchforderungen bei den Aktienbanken ist darin zu finden, daß bei dem großen Umfange ihrer vielseitigen Tätigkeit und der infolge davon allgemein eingeführten Arbeitsteilung eine individuelle Behandlung des einzelnen Kreditnehmers schwer durchzuführen ist, ja die Banken haben sogar ein Interesse daran, die Diskontierung von Buchforderungen nicht selbst zu betreiben. Dr. Felix Somary sagt: „Die Errichtung von Genossenschaften durch die Banken erfolgt wesentlich zu dem Zweck, das Risiko auf die Genossen abzuwälzen. Die Banken in Österreich machen das Geschäft nicht direkt, sondern durch die mit ihnen in Beziehung stehenden Genossenschaften."

Die Kreditgenossenschaften endlich, die neben anderen Geschäften die Diskontierung von Buchforderungen betreiben, haben auch bisher dieselben nicht in ausgedehntem Maße pflegen können. Dieselben sind in Österreich in der Regel für den kleineren Gewerbetreibenden und Handwerker eingerichtet. Eine unerläßliche Voraussetzung zur Diskontierung von Buchforderungen ist eine geregelte kaufmännische Buchführung als Grundlage für die Kontrolle. Eine Buchfuhrung ist aber sowohl bei kleineren Gewerbetreibenden als auch bei Handwerkern im allgemeinen noch nicht eingeführt und schon aus diesem Grunde die Diskontierung von Buchforderungen bei den Kreditgenossenschaften schwer durchführbar.

Es kommt hinzu, daß der Geschäftszweig der Diskontierung von Buchforderungen als Personalkredit eine weitgehende Kontrolle, ein stetes Verfolgen der gewerblichen Tätigkeit des Kreditnehmers erforderlich macht. Die Bücherrevisionen erfordern eine geschulte, deshalb auch eine kostspielige Beamtenschaft, die Maßnahmen zur Überwachung einen teuren Verwaltungsapparat.

In welchem Maße die Unkosten gewachsen sind, darüber geben folgende Ziffern Aufschluß:

Bei der Eskomptegesellschaft für Industrie und Handel in Prag wuchsen die Ausgaben

von 5 344 Kr. im Jahre 1900
auf 97 286 „ „ „ 1907
also um das Achtzehnfache,

der Rohgewinn in demselben Zeitraum
von 18 912 auf 176 811 Kr., also um das Neunzehnfache,

der Reingewinn
von 13 567 auf 79 525 Kr., also um das Sechsfache,

der Jahresumsatz
von 4 622 000 auf 27 247 000 Kr., also um das Sechsfache. Verhältnismäßig wuchsen also die Ausgaben am stärksten.

Vom Rohgewinn entfielen
1900 28 % 1907 aber 55 % auf die Ausgaben.

Aus diesen Gründen sind die Kreditgenossenschaften in Österreich für die Diskontierung von Buchforderungen nicht geeignet.

Was endlich die Form der Gesellschaft mit beschränkter Haftung anbetrifft, so liegen keine Erfahrungstatsachen für die Zweckmäßigkeit derselben vor. A priori darf man aber wohl annehmen, daß man gerade dieser Form der Unternehmungen zur Pflege des mit immerhin nicht geringem Risiko verbundenen Kreditzweiges der Diskontierung von Buchforderungen mit einem gewissen Mißtrauen begegnen wird. Die Beschränkung der Haftung der Gesellschafter, die im Gegensatz zu den Mitgliedern der Genossenschaft hauptsächlich das privatwirtschaftliche Interesse an einem möglichst hohen Geschäftsgewinn haben, kann die Unternehmer zu unvorsichtigen Geschäften verleiten, die ein größeres Risiko in sich bergen, als dies bei den Geschäften der Fall ist, welche die Genossenschaften eingehen.

Die beste Unternehmungsform zur Pflege der Diskontierung von Buchforderungen ist diejenige Genossenschaft, die diesen Kreditzweig ausschließlich betreibt, weil sie sich als speziell zu dem Zweck der Diskontierung von Buchforderungen errichtete Unternehmung am besten den Erfordernissen des komplizierten Verwaltungsapparates, der bei der Diskontierung von Buchforderungen als Personalkreditgeschäft notwendig ist, anpassen kann.

Da der Vorstand der Genossenschaft in der Hauptsache aus den branchekundigen Genossen sich zusammensetzt, ist dieselbe viel eher als irgendeine andere Unternehmungsform imstande, auch die Kreditgrenze des benutzbaren Kredits den Verhältnissen des einzelnen Kreditnehmers anzupassen. Schließlich hat die Genossenschaft m. b. H. noch den Vorzug, daß bei ihr die Haftung des Genossen in ein Verhältnis zu seiner Kreditinanspruchnahme gesetzt werden kann.

Im folgenden gehen wir auf die Behandlung der wirtschaftlichen Bedeutung und Kritik des Betriebskredits im allgemeinen, der Diskontierung von Buchforderungen im speziellen über.

Die eminent volkswirtschaftliche Bedeutung des Betriebskredits für den Kreditnehmer liegt zunächst in einer günstigen Wirkung auf den Gang der Produktion. Dadurch, daß jederzeit Kapital zur Verfügung gestellt wird, ist derselbe ein steter. Würde die Produktion abhängig sein von dem zufälligen Vorrat an baren Mitteln, so würde der Gang der Produktion ein stoßweiser sein, es würden Störungen eintreten und die Kette des Produktionsprozesses unterbrochen werden. Als Betriebskredit wirkt die Buchforderungsdiskontierung produktiv beim Produzenten; durch die Bereitschaft von Kapital ist er imstande, die Güter an sich heranzuziehen und durch Verarbeitung ihren Wert zu erhöhen.

Der dem Produzenten zur Verfügung gestellte Kredit wirkt auch indirekt auf den Absatz der Produktion zurück. Durch den Kredit ist eine regelmäßige und gute Entlohnung möglich, was beides geeignet ist, den Konsum zu stärken, infolge davon die Produktion zu erhöhen. Durch eine regelmäßige Zahlung häufen sich die Bedürfnisse nicht auf einen Zeitpunkt, sondern die Bedürfnisse der Gegenwart und Zukunft werden ausgeglichen, und dies wirkt wiederum zurück auf einen regelmäßigen Gang des Produktionsprozesses.

Auch für den Händler wirkt der Kredit bzw. die Diskontierung von Buchforderungen produktiv. Durch die Bereitschaft von Kapital wird der Zirkulationsprozeß der wirtschaftlichen Güter erleichtert und beschleunigt. Dies wirkt aber werterhöhend, also produktiv. Die Umsätze vermehren sich, einmal aus dem Grunde, weil der Abnehmer mehr Güter sich anzuschaffen vermag, ferner weil er durch Barzahlung billiger die Waren einkaufen, also auch wiederum verkaufen kann.

Diese Preisverbilligung durch den Bareinkauf wird nicht aufgehoben durch die Kosten, die bei der Diskontierung von Buchforderungen entstehen. Diese belaufen sich durchschnittlich auf 1—2 % Zinsen über der offiziellen Bankrate und in der Regel 1 pro Mille Provision und 4 pro Mille Manipulationsgebühren.

Philippovich sagt in seinem Grundriß: „Gewiß ist, daß die Warenhäuser, weil sie bar bezahlen und wegen ihres großen Bedarfs, billiger einkaufen als der kleine Kaufmann. Man nimmt an um 20—25 %.“ Wenngleich die Preisdifferenz nicht immer eine so bedeutende sein wird beim Bareinkauf des Händlers, so wird dieser sich doch günstiger stehen, wenn er zu billigerem Preise mit festem Ziele zahlt und die Spesen für die Diskontierung von Buchforderungen trägt, als wenn er bei offenem Ziel hohe Warenpreise bezahlen müßte. Es ist dabei noch zu berücksichtigen, daß die Kosten auf die Diskontierung von Buchforderungen durch die jährliche Verzinsung des Anteilscheinkapitals, die in der Regel 4 % beträgt (dieser Satz ist meistenteils statutarisch festgelegt als Maximalzinssatz), verbilligt werden.

Es ist ferner volkswirtschaftlich von Bedeutung, daß die Genossenschaften als Voraussetzung zur Diskontierung von Buchforderungen von den Kreditnehmern eine geordnete Buchführung verlangen; diese ist die Grundlage für die Kalkulation, ohne sie ist ein rationeller Gewerbebetrieb ausgeschlossen, die Preisfestsetzung auf unsichere Basis gestellt, oft zum größten Schaden des Unternehmers. Die Buchführung bezweckt eine Aufzeichnung der Vermögensteile, läßt die Geschäftsbewegung in Erwerb und Aufwand in den Büchern fortlaufend erscheinen, es läßt sich zu jeder Zeit eine Vermehrung oder Verminderung des ursprünglichen Vermögens feststellen und der Nachweis liefern, auf welche Weise die Vermögensänderung entstanden ist. Die Kenntnis aber vom Besitzstand und dessen Veränderung ist für Preisfestsetzung von höchstem Werte. Ein geordneter Zahlungsverkehr, die Hauptgrundsätze der Ökonomie, die Planmäßigkeit, Ordnung und Sparsamkeit ist nur unter ihrer Anwendung möglich; sie bildet die unerläßliche Voraussetzung dazu.

„Will man in der Bekämpfung des Borgunwesens Erfolg haben, so muß man in kaufmännischem Sinne belehren und erziehen dadurch, daß man z. B. in Fortbildungsschulen bereits über die Grundlagen einer kaufmännischen Buchführung unterrichtet. Ohne eine geregelte Buchführung ist straffe Organisation des Geldverkehrs unmöglich[1]).“

Für die Genossenschaft hat die geordnete Buchführung, verbunden mit dem Recht der Kontrolle derselben, die Bedeutung, daß sie die Begebung nicht zu Recht bestehender Forderungen oder Nichtabführung der auf eskomptierte Forderungen eingelangten Gelder und sonstiger Werte vielfach noch rechtzeitig aufdecken kann, ehe ihr ein Schaden daraus erwächst.

Über derartige Forderungen hat die Evidenzzentrale bei den Drittschuldnern eine Enquete veranstaltet. Von 1772 Anfragen wurden 1189 beantwortet. Von diesen Antworten lauteten 715, also 61 % der erledigten Anfragen, dahin, daß die Forderungen zu Recht bestanden haben, während in 474 Fällen, also 39 %, der Bestand der Forderungen ganz oder teilweise von seiten der Drittschuldner bestritten wurde.

Welche Bedeutung hat die Diskontierung von Buchforderungen für die Banken?

Wie wir sahen, sind die Genossenschaften Banken angegliedert, die das Kapital jenen zur Verfügung stellen, indem sie die Akzepte, die von den Genossen oder der Genossenschaft ausgestellt werden, diskontieren.

Im Jahre 1907 gewährten beispielsweise nachstehende Banken zur Eskomptierung offener Buchforderungen Kredite an die ihnen angegliederten Genossenschaften:

Durch die Diskontierung der Akzepte verschaffen sich die Banken neues Wechselmaterial, an dem der österreichische Wechselmarkt, wie wir oben sahen, arm ist. In diesen

[1]) Dr. Oexmann.

Kreditanstalt mit Bodenkreditanstalt gemeinsam in	Jahressumme der diskontierten Buchforderungen	Gewährter Kredit	Gewährter Kredit in % des Jahresumsatzes
	Millionen Kronen		
Wien	54,2	13	23,90
Prag	30	9	30
Wiener Bankverein in Wien	95	23,7	24,95
in Graz	6,2	1,4	22,58
Unionbank in Wien	19,5	4,5	23,06
Verkehrsbank in Wien	—	2,5	
Böhmische Industriebank in Prag	27	5,9	21,85 [1]

Akzepten besitzen die Banken ein vorzügliches Anlagemittel, das in bezug auf seine Sicherheit dem übrigen Wechselmaterial nicht nachsteht und alle die früher gekennzeichneten Eigenschaften und Anforderungen besitzt, die den Grundsätzen einer rationellen Bankpolitik entsprechend an ein gutes Anlagemittel gestellt werden. Die Banken finden bei der Anlage ihrer Mittel in der Diskontierung von Buchforderungen eine dreifache Sicherheit:

1. in dem Akzept des Kreditnehmers oder der Genossenschaft;
2. in der Haftung der Genossenschaft bzw. Genossen;
3. in den der Diskontierung zugrunde liegenden Forderungen.

Wie weit diese Sicherheit geht, zeigt folgende Statistik, in der die Verbindlichkeiten der Deckung, bestehend aus der Haftung der Genossen, Buchforderungen und Akzepten der Genossen bzw. Genossenschaften gegenüber gestellt werden:

	Verbindlichkeiten in 1000 Kronen			
	1905	1906	1907	1908
Wiener Kreditgesellschaft für Industrie und Handel	7 663	7 721	10 250	8685
Österreichische Diskontogesellschaft in Wien	19 529	21 882	24 794	
Eskomptgesellschaft für Industrie u. Handel in Prag	9 242	9 581	7 974	
Diskontogesellschaft bei der Böhmischen Industrialbank	5 469	5 716	5 860	7705

[1]) Dr. Prager, Frankfurter Zeitung vom 13. IV. 1908.

	Deckung der Verbindlichkeiten in 1000 Kr.				Verhältnis der Verbindlichkeiten zur Deckung			
	1905	1906	1907	1908	05	06	07	08
Wiener Kreditges. f. Industrie und Handel	36 841	88 965	48 682	45 081	1 : 5	5	5	5
Österr. Diskontoges in Wien	48 770	56 464	62 582		1 :	2.5	2.6	2.5
Eskompteges. für Industrie u. Handel in Prag	35 172	36 250	31 969		1 : 4	4	4	
Diskontoges. bei der Böhm. Industrialbank	11 793	12 854	12 899	15 514	1 : 2	2	2	2

Die Deckung ist also durchschnittlich dreimal so groß als die Verbindlichkeiten.

Dadurch, daß die Banken ferner den Zahlungsverkehr zwischen Kreditgeber und Kreditnehmer regeln, daß das Kapital, das sonst untätig in den Händen der einzelnen ruhte, jetzt in den Reservoirs der Banken sich ansammelt, kann die volkswirtschaftlich wertvolle Funktion erfüllt werden, dieses Kapital von der Stelle des Vorrates dahin zu leiten, wo Bedarf daran vorhanden ist.

Volkswirtschaftlich wäre es auch günstig, wenn der Verkehr zwischen Kreditnehmer und Drittschuldner sich in derselben Weise vollziehen würde. Dadurch könnte gleichzeitig vermieden werden, daß der Kredit, der auf Grund der Diskontierung von Buchforderungen gewährt wird, zu unproduktiven Zwecken verwandt wird, daß die Mittel etwa für Anlage- anstatt zu Betriebszwecken angelegt, daß dieselben in stehendes anstatt in umlaufendes Kapital umgewandelt werden.

Die Folge einer solchen unzweckmäßigen Anwendung des Kredits ist die leichte Möglichkeit des Zusammenbruches; denn in Zeiten der Krise, des Konjunkturrückganges, wo der Konsum stockt, neue Forderungen sehr langsam entstehen, die Erlangung neuen Kredits also erschwert ist, fehlen die Mittel zur Zahlung. Es sollten deshalb die Banken selbst die Tilgung der Warenschulden vornehmen. Allerdings darf nicht der ganze Betrag dazu benutzt werden.

Es würde sich dadurch der Kreditnehmer einer stillen Reserve begeben, die sonst zur Befriedigung der laufenden Ausgaben wie Arbeitslöhne, Miete und sonstiger Unkosten dient, die er früher aus den eingehenden Zahlungen zu bestreiten gewohnt war.

Neben den volkswirtschaftlich günstigen Wirkungen hat die Diskontierung von Buchforderungen auch ihre Schattenseiten.

Vor allem liegt die Gefahr vor, daß die Kreditinanspruchnahme eine zu weitgehende ist. Ein Mißbrauch kann dadurch getrieben werden, daß bei zwei verschiedenen Instituten dieselben Forderungen diskontiert werden. Bei einer Reihe von Konkursen hat sich gezeigt, daß die Ursache in der Doppelzession zu finden war. Diese wäre ausgeschlossen, wenn der Drittschuldner von der Übertragung der Forderung jedesmal benachrichtigt wird, weil derselbe von einer Doppelzession dadurch natürlich sofort Kenntnis erhalten muß. Aber die Mehrzahl der Kreditnehmer vermeidet die Benachrichtigung des Drittschuldners aus dem Grunde, weil man befürchtet, das Vertrauen der Kundschaft zu verlieren, wenn diese erfährt, daß Kredit auf Grund von Buchforderungsdiskontierung genommen wird.

In dem Jahresbericht der Wiener Kreditgesellschaft für Industrie und Handel heißt es allerdings: „In der Regel vollzieht sich die Eskomptierung derart, daß die Buchschuldner von dem Übergang der Rechte an die Gesellschaft nicht benachrichtigt werden. Es wünscht jedoch die Kaufmannschaft vielfach schon selbst, daß die bankmäßige Verständigung der Buchschuldner hinzutrete, und aus diesem Grunde hat sich auch bei den letzten das Verständnis für diesen Eskomptezweig bereits sehr eingelebt. Wir können uns nicht versagen, diesen interessanten Fortschritt mitzuteilen, weil sich damit ein Umschwung vorzubereiten scheint, der es gestattet, dem Buchforderungseskompte eine breitere Basis zu geben.“

Andererseits ist man noch vielfach der Ansicht, daß eine allgemeine Ausbreitung der Benachrichtigung des Drittschuldners nicht durchführbar sei. Es wurde deshalb der Vorschlag gemacht, die diskontierten Forderungen bei einer Zentralstelle zu domizilieren, die die Buchforderungsdiskontierung nicht pflegt. So wurden bereits schon Verhandlungen mit dem Wiener Giro- und Kassenverein angeknüpft, der sich prinzipiell bereit erklärt hat, die Domizilierung zu übernehmen.

Die Erkenntnis jedoch, daß die beste Form der Buchforderungsdiskontierung die Verständigung des Drittschuldners ist, führte zu einem anderen Vorschlage, auf gesetzlichem Wege dieselbe zu erzwingen; doch ohne Erfolg.

Heute ist jedenfalls noch allgemein die Regel, daß der Drittschuldner von der Übertragung der Forderung nicht benachrichtigt wird, und die dadurch gegebene Möglichkeit, Doppelzessionen vorzunehmen, hat zu der Errichtung der Evidenzzentrale geführt, die hauptsächlich zum Schutze gegen diesen Mißbrauch entstand. Die Evidenzzentrale hat heute 21 Mitglieder:

10 Genossenschaften,
4 Aktienbanken,
7 Privatdiskonteure,

die zusammen 1908 einen Umsatz an Buchforderungen von 231 Millionen Kronen erzielten.

Alle größeren Unternehmungen außer dem Wiener Eskompteverein und noch wenigen anderen Kreditinstituten und Privatdiskonteuren sind der Zentrale angeschlossen.

Über die Wirksamkeit der Evidenzzentrale mögen folgende Angaben ein Bild geben:

Im Geschäftsjahr 1907/08 konstatierte die Evidenzzentrale die Begebung von Doppelzessionen in 11 Fällen. Der Betrag der doppeltzedierten Posten belief sich auf 46 346 Kronen. Dies sind nur 0,021 % des Gesamtumsatzes. Im Jahresbericht der Evidenzzentrale wird ausgeführt: „Wenn die Zahl der Doppelzessionon und der Betrag der effektiv doppelt zedierten Forderungen verhältnismäßig gering ist, so erklärt sich dies daraus, daß wochenlang, bevor das Bureau seine Tätigkeit aufnahm, die Tagesblätter die Nachricht von der Gründung der Evidenzzentrale brachten. So hat schon die Mitteilung von der bevorstehenden Gründung auf jene unreellen Elemente abschreckend gewirkt. Mit Genugtuung begrüßen wir es, daß sowohl in jenen Fällen, in denen eine Firma ohne Vorwissen des Kreditgebers auf mehreren Seiten einen Kredit inne hatte, als auch in jenen Fällen, in denen effektive Doppelzessionen konstatiert wurden, zwischen den Kreditgebern und Kreditnehmern stets ein solches Arrangement getroffen wurde, daß dem Kreditnehmer stets ein Schaden nicht erwuchs."

Wie sehen also, daß die Evidenzzentrale eine sehr vorteilhafte Wirkung auf die Diskontierung von Buchforderungen hatte und derselben eine gesundere Basis verschaffte.

Die Tätigkeit der Evidenzzentrale erstreckt sich jedoch nur auf den Buchforderungskredit, nicht aber auf Blanko-Kredit. Die Inanspruchnahme dieser beiden Kreditarten nebeneinander kann leicht zu einer zu weit gehenden Kreditgewährung führen, die eine Überspekulation zur Folge hat und schließlich große Verluste nach sich zieht.

Dr. Felix Somary glaubt, daß diese Verluste sich nur dadurch beseitigen lassen, daß die Banken eine Zentralstelle für alle gewährten Kredite, einschließlich der Buchforderungskredite, schaffen.

Es wird jedoch mit großen Schwierigkeiten verbunden sein, alle Banken und Kreditunternehmungen in eine Zentralstelle zusammenzuschließen, und solange dieses nicht der Fall ist, kann der Vorschlag seinen Zweck nicht erfüllen. Selbst wenn eine Zentrale gebildet würde, und alle Banken daran beteiligt wären, wäre noch immer keine Garantie dafür gegeben, daß gegen die Vereinbarung Kredite gewährt würden, wovon die Zentralstelle keine Verständigung erhielte.

Eine automatische Einschränkung der zu weit gehenden Kreditgewährung findet dadurch statt, daß sich der Zinsfuß, der für die Diskontierung von Buchforderungen in Anrechnung gebracht wird, nach der offiziellen Bankrate der Österr.-Ungar. Bank richtet.

In Zeiten der Hochkonjunktur, wo die Spannung zwischen Kapitalbedarf und Kapitalvorrat sich immer mehr verschärft, wo die Kreditinanspruchnahme immer stärker wird, ist in der Möglichkeit der Erhöhung des Diskontsatzes ein Mittel gegeben, einen Ausgleich zwischen Kapitalbedarf und Kapitalvorrat herbeizuführen. Die Kosten für die

Darlehnsgewährung werden durch das Anziehen der Diskontschraube so hoch, daß es nicht mehr lohnt, Kredit in Anspruch zu nehmen.

In dem Geschäftsbericht der Wiener Kreditgesellschaft für Industrie und Handel wird z. B. gesagt: „Die Steigerung des Zinsfußes der Österr.-Ungar. Bank am 19. 10.05 um ein volles Prozent hat uns im Konsum Eintrag getan."

Im Bericht der Grazer Diskonto-Gesellschaft heißt es: „Die Österr.-Ungar. Bank mußte den anderen großen Banken am internationalen Geldmarkte folgen und den Zinsfuß am 28. Juni 1907 auf 5 % und später am 11. November sogar auf 6 % erhöhen. Daß unter allen diesen widrigen Verhältnissen auch das Eskomptegeschäft leiden mußte, liegt in der Natur der Sache."

In den Zeiten der Kreditüberspannung, wo der Diskontsatz ein hoher ist, werden daher auch viele Unternehmer vor der Diskontierung von Buchforderungen durch die Höhe der Kosten zurückschrecken.

Gehen wir endlich zu der Frage über, wie die Diskontierung von Buchforderungen volkswirtschaftlich innerhalb des Rahmens der gesamten Kreditorganisation in Österreich zu beurteilen ist, ob die Diskontierung von Buchforderungen als Kreditinstrument einen Fortschritt oder Rückschritt bedeutet.

Als Grundlage für den kritischen Maßstab dienen zur Beantwortung dieser Frage einmal die Resultate, die wir bei der Untersuchung der Voraussetzungen zur Diskontierung von Buchforderungen in Österreich gewonnen haben, und ferner die folgende Darstellung über das Verhältnis des Wechsels zur Buchforderungsdiskontierung.

Der volkswirtschaftliche Wert des Wechsels besteht in seiner allgemeinen Anwendung darin, daß er dazu beiträgt, den allgemeinen Schlendrian der Borgwirtschaft zu beseitigen, und ganz besonders in seiner vorzüglichen Eignung als Kreditinstrument durch die Wechselstrenge, d. h. der Schuldner kann keinerlei Einwendungen machen, die den Schuldgrund betreffen. Er haftet am Verfalltage mit seinem ganzen Vermögen für die Wechselschuld, und im Falle der

Zahlungsverweigerung tritt ein besonders strenges und rasches Verfahren ein.

Die Diskontierung von Buchforderungen besitzt nicht die Eigenschaft der leichten Begebbarkeit. Ihr können alle Einwände entgegengehalten werden, die aus Bemängelung der Ware, unpünktlicher Lieferung usw. entstanden sind. Zwar ist auch beim Buchforderungskredit eine wechselmäßige Sicherung durch den Deckungswechsel vorhanden, jedoch nur für den Warengläubiger, nicht für den Warenschuldner. Während beim Wechsel auch der Warenschuldner durch die wechselmäßige Verpflichtung an einen festen Zahlungstermin gebunden ist, durch den Wechsel also auch gegenüber den Abnehmern ein befristeter Zahlungsverkehr an Stelle eines offenen Warenkredits geschaffen wird, bleibt bei der Diskontierung von Buchforderungen der Warenschuldner von der wechselmäßigen Verpflichtung unberührt.

Ja, zwischen Warengläubiger und Warenschuldner ist die Versuchung nicht gering, den Zahlungsverkehr eher zu verschlechtern als zu verbessern. Dadurch, daß dem Warengläubiger die Möglichkeit gegeben ist, auf Grund der Forderungen gegenüber dem Warenabnehmer Kredit zu erlangen, ist jener geneigt, noch mehr Kredit auf längeres Ziel als sonst zu gewähren. Ja, dies kann so weit gehen, daß der Warengläubiger im Falle einer Zahlungsverlegenheit Warenkredit gewährt nur zu dem Zwecke, neue Buchforderungen zu schaffen, um auf Grund derselben Barmittel zu erlangen (was in der Tat auch häufig geschehen ist).

Im Verhältnis des Kreditnehmers zu seinem Lieferanten wird durch die Diskontierung von Buchforderungen infolge der wechselmäßigen Verpflichtung durch den Deckungswechsel ein straffer Zahlungsverkehr herbeigeführt.

Während also der Wechsel sowohl zwischen Kreditnehmer und Lieferant als auch zwischen Kreditnehmer und Drittschuldner in günstiger Weise auf den Zahlungsverkehr einwirkt, an Stelle des Borgsystems eine befristete Zahlungsmethode setzt, ist dies bei der Diskontierung von Buchforderungen nur der Fall im Verhältnis des Kreditnehmers zu seinen Lieferanten.

Wir sehen also, daß der Wechsel als Kreditinstrument bedeutende Vorzüge besitzt, die ihn gegenüber der Diskontierung von Buchforderungen zu einem verfeinerten Kreditinstrument stempeln.

Wir stellten nun früher dar, daß in Österreich die Zahlungsverhältnisse schwer darniederliegen, daß die Wechselproduktion im Rückgange begriffen ist, daß eine allgemeine Abneigung besteht gegen die Wechselakzeptation, kurz, daß alle Tendenzen dahin gingen, einen günstigen Boden für die Diskontierung von Buchforderungen zu schaffen, daß dort dieser Kreditzweig eine Lücke ausfüllt.

Einen Fortschritt bedeutet die Diskontierung von Buchforderungen in Österreich jedenfalls gegenüber den Zahlungsverhältnissen, wie sie vorher dort bestanden hatten. In bezug auf ein Glied ist jetzt wenigstens durch die Diskontierung von Buchforderungen in der Kette des Zahlungsverkehrsprozesses eine wechselmäßige Haftung vorhanden.

Für die Banken bedeutet die Buchforderungsdiskontierung die Schaffung eines vorzüglichen Anlagemittels.

Es wird durch dieselbe einer Klasse der gewerblichen Bevölkerung Betriebskredit zur Verfügung gestellt, der ihr auf anderem Wege zu erlangen nicht möglich war.

Gegenüber der Wechseldiskontierung allerdings bedeutet die Buchforderungsdiskontierung eine weniger wirtschaftlich gute Kreditform; aber in Österreich ist der Wechsel ein allgemein unbeliebtes Kreditinstrument; seine allgemeine Ausbreitung nicht durchführbar. Die Diskontierung von Buchforderungen füllt also somit als ein aus den Verhältnissen organisch hervorgewachsener Kreditzweig in Österreich einen berechtigten Platz in der Kreditwirtschaft aus, und deren Einführung bedeutet für Österreich im Rahmen der allgemeinen wirtschaftlichen Verhältnisse einen Fortschritt gegenüber dem früheren System der Borgwirtschaft.

Die Buchforderungsdiskontierung besitzt daneben manche Schattenseiten, die entweder durch gesetzliche Maßnahmen oder durch weiteren Ausbau der Organisation, wie oben dargelegt wurde, mehr oder weniger beseitigt werden können, so daß in der Tat die Diskontierung von Buchforderungen in Österreich eine dem allgemeinen

Rahmen durchaus angepaßte Kreditart werden kann.

Es ist demgegenüber jedoch die bedenkliche Wirkung nicht abzuleugnen, daß durch die allgemeine Einführung der Diskontierung von Buchforderungen der Warenwechsel überhaupt unterdrückt wird.

Die Diskontierung von Buchforderungen wird vielfach in den Bereich der Mittelstandspolitik hineingezogen. Wir wollen untersuchen, inwieweit eine Berechtigung dazu vorhanden ist.

Es handelt sich hier um den gewerblichen Mittelstand, und darunter ist zu verstehen: „Gewisse gewerbliche Unternehmer, Handwerker und Kaufleute mit kleinem und mittlerem Umfange ihrer Geschäftsbetriebe, die sich als Mittelklasse fühlen, sich von den kapitalkräftigen Unternehmern in Handel und Industrie bedroht sehen, infolgedessen auf eine gegenseitige Interessengemeinschaft hinweisen“[1]).

Die eine Voraussetzung liegt nach der Definition vor, nämlich die, daß es sich um gewerbliche Unternehmer handelt, die sich von den kapitalkräftigen Unternehmern in Handel und Industrie bedroht sehen und infolgedessen auf eine gegenseitige Interessengemeinschaft hinweisen. Dies bedeutet aber nichts anderes als den Kampf ums Dasein überhaupt. Auch die kapitalkräftigsten Unternehmungen suchen sich im Konkurrenzkampfe durch Zusammenschluß gegenüber der Überlegenheit von Unternehmungen derselben Art zu sichern.

Wie verhält es sich aber mit der zweiten Voraussetzung, die den Mittelstand nach dem Umfang des Geschäftsbetriebes charakterisiert?

Dr. Prager hat eine Statistik aufgestellt, nach der der auf ein Mitglied entfallende Durchschnittsbetrag im Jahre 1907 43 850 Kronen betrug, eine Summe, die in der Tat über den Kreditbetrag hinausgeht, die ein Betrieb von mittlerem Umfange in Anspruch nimmt. Dr. Prager berichtet denn auch, daß zunächst doch nur größere Firmen von der Kreditform der Diskontierung von Buchforderungen Gebrauch machen.

---

[1]) HStW., Bd. 5, S. 814.

1907

Genossenschaften	Mitgliederzahl	Benutzb. Kredit	Auf 1 Mitgl. entfallender Kreditbtr.	Eskompte-Umsatz	Durchschn. Kreditausnutzng. in %
Wiener Kreditges. f. Handel u. Industrie .	362	19685000,—	50 216,—	54 222 366,—	63,—
Österr. Diskontogesellsch. . .	573	33270000,—	58 062,—	95 027 717,—	71,40
WienerEskompteverein . . .	183	5295000,—	28 934,—	19 527 113,—	92,19
Kreditinstitut Zentralverkauf	26	2715000,—	104 415,—	5 075 678,—	46,68
Eskompteges. f. Industrie und Handel in Prag	244	8626000,—	35 352,—	27 246 614,—	81,32
Diskontoges. b. d. Böhm. Industrial-B. in Prag	736	11951500,—	16 237,—	23 818 536,—	48,98
Grazer Diskontoges. Graz. .	156	2142000,—	13 730,—	6 159 858,—	68,32
Durchschnittsbetrag			43 850,—		

Auch die folgende Statistik, in der der Durchschnittsbetrag der Einreichungen einiger Genossenschaften für eine Reihe von Jahren aufgestellt wurde, zeigt in dem verhältnismäßig hohen Betrage der Durchschnittseinreichungen, daß die Diskontierung von Buchforderungen hauptsächlich für größere Firmen in Betracht kommt.

Bei den beiden größten Genossenschaften beobachten wir ein stetes Fallen des Durchschnittsbetrages der Einreichungen. Bei der Wiener Kredit-Gesellschaft sank er von 13 151 Kr. auf 8625 Kr. um 34,4 %; bei der Österr. Diskonto-Gesellschaft von 15 782 Kr. auf 11 381 Kr. um 27,9 %. Die niedrigste Summe ist aber immer noch verhältnismäßig hoch in bezug auf den Kreditbetrag, den mittelgroße Firmen in Anspruch zu nehmen pflegen.

Bei den kleineren Gesellschaften sehen wir dagegen ein stetes Steigen.

Durchschnittsbetrag der Einreichung in Kronen:

	Wiener Kredit-Ges. f. Industrie u. Handel	Österr. Disk.-Ges.	Esk.-Ges. f. Industrie u. Handel	Grazer Diskonto-Ges. in Graz
1895	—	15 782	—	—
1897	13 151	14 867	—	—
1898	12 158	13 558	—	—
1899	11 231	13 695	—	—
1900	10 537	13 239	8135	—
1901	10 427	13 128	8798	—
1902	10 807	14 091	8798	—
1903	9 794	13 711	8238	—
1904	9 402	14 365	8212	—
1905	8 653	13 363	9922	5232
1906	7 509	12 314	8494	5492
1907	7 996	12 007	9735	5812
1908	8 625	11 381	—	6830

Wir kommen zu dem Ergebnis, daß in bezug auf den Umfang des Geschäftsbetriebes die Diskontierung von Buchforderungen den Mittelklassen kaum zugute kommt, daß die Unternehmungen, die die Diskontierung von Buchforderungen betreiben, nicht für den Mittelstand, sondern mehr für größere Unternehmungen die Kreditquelle sind.

Die Ursachen dieser Tatsache liegen darin, daß mit der Diskontierung von Buchforderungen kleinerer Unternehmungen ein zu großes Risiko verbunden ist. Das Eindringen dieses Kreditzweiges in den Mittelstand würde die Kontrolle über den Kreditnehmer in hohem Maße erschweren. Von den wenigen Zentralstellen, die heute bestehen, ließe sich eine genügende Kontrolle nicht vornehmen.

Als Voraussetzung dazu, die Buchforderungsdiskontierung zur Kreditquelle auch des Mittelstandes zu machen, ist daher eine entsprechende Organisation, vor allem eine Dezentralisation des Betriebes notwendig. Hierbei ist aber wohl die Frage der hohen Verwaltungskosten im Sinne der früheren Erörterungen zu berücksichtigen, die der komplizierte Apparat der Buchforderungs-Diskontierung bei rationellem Betrieb erfordert.

Zum Schluß soll noch die Ausbreitung und innere Entwicklung der Diskontierung von Buchforderungen in Österreich durch einige statistische Zahlen erläutert werden. In der folgenden Statistik soll zunächst an der Zunahme des

Jahresumsatzes einiger Genossenschaften gezeigt werden, in welchem Maße sich die Diskontierung von Buchforderungen in Österreich entwickelt hat. In den letzten 10 Jahren stieg der Jahresumsatz bei der Wiener Kredit-Gesellschaft für Industrie und Handel von 1898 24 389 000 auf 55 421 000 Kr. 1908 um 127,2 %. Bei der Österr. Diskonto-Gesellschaft, die die höchste Umsatzziffer erreichte, stieg diese von 33 718 000 im Jahre 1897 auf 95 028 000 Kr. im Jahre 1907, also eine Steigerung um 181,8 %.

Der Gesamtumsatz bei sämtlichen Unternehmungen, die die Diskontierung von Buchforderungen betreiben, erreichte nach einer Schätzung von Dr. Prager 360 Millionen Kronen im Jahre 1907.

Jahresumsatz in 1000 Kronen:

	Wien. Kred.-G. f. Industrie u. Handel	Österr. Disk.-G. in Wien	I. Böhm. Disk.-Ges. in Prag	Esk.-Ges. f. Industrie u. Handel	Disk.-Ges. b. d. Ind.-Bk., Prag	Grazer Disk.-Ges. Graz
1892	5 143	—	—	—	—	—
1893	11 513	—	—	—	—	—
1894	14 855	8 683	—	—	—	—
1895	19 964	18 386	—	—	—	—
1896	21 328	24 961	—	—	—	—
1897	20 568	33 718	—	—	—	—
1898	24 389	40 236	—	—	—	—
1899	25 137	37 624	—	—	—	—
1900	27 671	37 468	5 381	4 622	—	—
1901	30 053	44 176	7 906	12 212	6 795	—
1902	32 032	48 064	8 873	13 869	10 652	—
1903	34 086	55 635	11 043	19 252	13 874	—
1904	34 553	65 321	13 492	26 036	17 869	958
1905	39 302	75 523	17 503	32 456	21 123	1486
1906	43 800	87 386	18 411	34 451	22 895	1982
1907	54 222	95 028	20 427	27 247	23 819	2142
1908	55 421	—	23 134	—	28 272	1836

Über den Umsatz, den die Banken und Kreditgenossenschaften erreichten, lassen sich detaillierte Angaben nicht machen, da in den Ausweisen der Banken (mit Ausnahme des Wiener gewerblichen Kreditinstituts) und der Kreditgenossenschaften nur zum Teil Umsätze angegeben werden. In dem Jahresbericht, den der Allgemeine Verband der auf Selbsthilfe beruhenden deutschen Erwerbs- und Wirtschafts-Genossenschaften in Österreich herausgibt, ist erwähnt, daß 4 Kreditgenossenschaften die Diskontierung von Buchforderungen betreiben, die einen Gesamtumsatz von 66 952 420 Kr. im Jahre 1905 erreichten.

Der Umsatz bei dem Wiener gewerblichen Kreditinstitut betrug in 1000 Kronen:

1895	448	1902	3176
1896	413	1903	3611
1897	331	1904	3749
1898	1000	1905	4013
1899	1492	1906	3817
1900	2461	1907	4547
1901	2319		

Auch aus den folgenden Statistiken geht die starke Entwicklung der Diskontierungsgenossenschaften hervor:

Wiener Kreditgesellschaft für Industrie und Handel, Wien:

	Anzahl der Mitglieder	Anzahl der Anteile	Anzahl der Einreichungen	Benutzbarer Kredit in 1000 Kronen
1897	153	1069	8 610	1564
1898	194	1135	9 920	2006
1899	207	1151	10 480	2238
1900	239	1276	11 830	2626
1901	259	1369	12 240	2882
1902	288	1452	13 050	3134
1903	311	1630	13 320	3516
1904	321	1929	13 400	3675
1905	407	2311	15 975	4542
1906	408	2527	16 395	5833
1907	392	3064	19 685	6781
1908	393	3198	20 320	6426

Österreichische Diskontogesellschaft, Wien:

	Anzahl der Mitglieder	Anzahl der Anteile	Anzahl der Einreichungen	Benutzbarer Kredit in 1000 Kronen
1895	139	759	1165	7 590
1896	199	1001	1679	10 010
1897	247	1210	2487	12 100
1898	260	1317	2938	13 170
1899	262	1318	2842	13 180
1900	258	1329	2854	13 290

	Anzahl der Mitglieder	Anzahl der Anteile	Anzahl der Einreichungen	Benutzbarer Kredit in 1000 Kronen
1901	273	1486	3135	14 860
1902	284	1559	3571	15 590
1903	323	1812	3873	18 120
1904	403	2253	4731	22 260
1905	489	2709	6133	26 440
1906	521	3143	7278	30 510
1907	572	3687	8350	33 270

Eskomptegesellschaft für Industrie und Handel:

	Anzahl der Mitglieder	Anzahl der Anteile	Anzahl der Einreichungen	Benutzbarer Kredit in 1000 Kronen
1900	97	334	506	4 622
1901	132	483	1336	12 212
1902	177	629	1521	13 869
1903	218	880	2312	19 252
1904	250	1124	2704	26 036
1905	305	1212	3271	32 456
1906	314	1238	4056	34 451
1907	344	1073	2799	27 247

Diskontogesellschaft bei der Böhmischen Industrialbank:

	Anzahl der Mitglieder	Anzahl der Anteile	Anzahl der Einreichungen	Benutzbarer Kredit in 1000 Kronen
1901	276	9 932	16 449	4 540
1902	325	13 448	17 275	5 615
1903	348	7 472	19 302	6 717
1904	450	10 072	19 677	8 855
1905	625	12 030	—	11 425
1906	737	13 398	—	13 090
1907	736	12 779	—	11 952
1908	833	15 853	—	14 582

Zweiter Teil.

Die Verhältnisse der Diskontierung von Buchforderungen in Deutschland.

Erster Abschnitt.

Entwicklungstendenzen des Kredit- und Zahlungsverkehrs und die Entstehung der Diskontierung von Buchforderungen in Deutschland.

Wir sahen, daß in Österreich durch das bis in die höchsten Kreise des gewerblichen Lebens sich hindurchziehende Borgunwesen die Wechselproduktion im Lande selbst gehemmt wurde. Ganz anders liegen die Verhältnisse in Deutschland.

„Im Deutschen Reich wird der Wechsel erst in den letzten 3 Dezennien normale Kreditform. In Österreich ist das bis heute nicht der Fall, so daß sich die Banken zur Belehnung offener Buchforderungen gezwungen sehen[1].“ Zwar ist auch bei uns das Borgunwesen noch verbreitet; ganz besonders in den kleingewerblichen Kreisen und dem Handwerk. Es besteht aber bei uns nicht die allgemeine Abneigung gegen das Akzeptieren, und in der Tat hat in Deutschland der Wechsel selbst bis in die weitesten Kreise des Mittelstandes seine Verbreitung gefunden. Auch zieht sich nicht das ziellose Zahlungssystem hinauf bis in die höchsten Kreise. Bei uns hat die Entwicklung durch die straffere Kartellorganisation eine andere Richtung genommen als in Österreich. Die Entwicklung unseres Kreditverkehrs hat eine viel höhere Stufe erreicht. Eine Lücke war bei uns nicht wie etwa dort vorhanden, ein Bedürfnis zur Ausbildung

[1]) Philippovich, a. a. O., Bd. 2., S. 157.

einer neuen Kreditform nicht gegeben. Dies zu zeigen, soll der Gegenstand unserer folgenden Betrachtung sein.

Für die österreichischen Verhältnisse handelte es sich darum, in bezug auf die Wechselproduktion im Lande ein negatives Resultat, d. h. zu zeigen, wie wenig der Wechselkredit dort ausgebildet ist. Für die deutschen Verhältnisse gilt es nun umgekehrt darauf hinzuweisen, wie sehr derselbe hier verbreitet ist.

Schon der Umstand, daß bei uns die industrielle Entwicklung die landwirtschaftliche weit überflügelt hat, läßt a priori darauf schließen, daß Hand in Hand damit eine Verfeinerung der Kreditorganisation stattgefunden hat, daß in einem Industriestaate, wo vorzugsweise kaufmännischer Geist vorwaltet, in einer Zeit des Massenkonsums, wo die Rentabilität durch die Massenproduktion fast nur gewährleistet ist, wo durch den freien Wettbewerb der Gewinn auf ein Minimum herabgedrückt ist, die Zahlungsbedingungen einen wesentlichen Faktor bei der Preisberechnung ausmachen, auch die Organisation des Zahlungs- und Kreditverkehrs eine feinere Ausbildung erfahren hat.

Das vornehmste Kreditinstrument des Verkehrs ist aber der Wechsel.

Für den rheinisch-westfälischen Industriebezirk hat Dr. Heinrich Öxmann eine volkswirtschaftliche Spezialstudie gemacht über den Barzahlungs- und Kreditverkehr in Handel und Gewerbe. In einer Schlußbetrachtung über die allgemeinen Verhältnisse kommt er zu dem Resultat: „Als allgemeine Tendenz sehen wir also das Fortschreiten vom Buchkredit zur Zahlung mittels Wechsels. Zwischen den Ladengeschäften mittleren und großen Umfanges und ihrem Lieferanten herrscht ein ausgebreiteter Wechselverkehr. Die allgemein zu beobachtenden Zahlungsbedingungen, d. h. die fortschreitende Einschränkung des Warenkredits drängt auch die kleineren Geschäfte in immer wachsender Zahl in den Kundenkreis der Banken. Hier werden auch die Wechsel, die bisher als Zahlungsmittel dienten, mehr und mehr diskontiert und so zum Kreditinstrument gemacht.“

W. Prion sagt in seiner Schlußbetrachtung über das deutsche Wechseldiskontgeschäft: „In Deutschland ist die

Bedeutung des Wechsels als das hervorragendste Instrument im kaufmännischen Kreditverkehr ständig gewachsen; entsprechend dem gewerblichen Aufschwung, den das kommerzielle und industrielle Leben einerseits und in enger Wechselbeziehung damit die Banktätigkeit andererseits genommen hat, hat sich auch die Summe der jährlich ausgestellten Wechsel in den letzten 20 Jahren verdoppelt und die ansehnliche Höhe von 26 Milliarden im Jahre 1905 erreicht. Die Benutzung des Wechsels dringt gleichzeitig in die breite Masse des Handels und des Gewerbes bis tief in die kleinen Kreise des Handwerks und der Kleinkaufleute ein, und selbst der Landwirtschaft fängt der Wechsel an nicht mehr fremd zu sein."

Wie stark in Deutschland sich der Wechselverkehr entwickelt hat, zeigt folgende Statistik:

Betrag der in Deutschland in Umlauf gelangten Wechsel in Millionen Mark:

1872 . . .	12 865	1900 . . .	23 304[1]
1880 . . .	11 558	1901 . . .	22 269
1890 . . .	14 020	1902 . . .	21 505
1895 . . .	15 241	1903 . . .	22 268
1896 . . .	16 368	1904 . . .	23 202
1897 . . .	17 529	1905 . . .	25 507
1898 . . .	19 374	1906 . . .	28 062
1899 . . .	20 937		

Von 12 865 Millionen Mark im Jahre 1872 ist der Wechselumlauf auf 28062 Millionen Mark, d. h. um 118,1 %, und in den letzten 10 Jahren von 16 386 Millionen Mark im Jahre 1896 auf 28062 im Jahre 1906, also um 71 % gestiegen. Während in Österreich durch die darniederliegenden Zahlungsverhältnisse das Borgsystem und die starke Abneigung gegen die Wechselakzeptation die Wechselproduktion gehemmt ist, ist in Deutschland dieselbe dagegen in steter Fortentwicklung begriffen.

[1]) W. d. V., Art. Wechsel, S. 1305.

Bei uns ist der Wechselkredit ganz besonders dadurch ausgezeichnet, daß die verschiedenen Unternehmungen ganz verschiedene, übereinanderliegende Bevölkerungsschichten damit versorgen. Prion sagt hierüber S. 297: „Der kapitalkräftigste Teil der Geschäftswelt hat seinen Mittelpunkt im Privatdiskontgeschäft der Börse und in den Berliner Großbanken. Die mittelgroßen Firmen zählen in der Hauptsache ebenfalls zu den Kunden der Großbanken; in die große Masse der mittleren Kaufleute und Industriellen teilen sich die Reichsbank, die Großbanken sowie die Provinzbanken, während die kleineren Provinzbanken und Privatbankiers und die Kreditgenossenschaften für den Kleinverkehr in Betracht kommen. Die folgende Statistik zeigt den Wechselbestand der verschiedenartigsten Kreditinstitute, die für die verschiedensten Kreise der gewerblichen Bevölkerung die Kreditquelle sind:

Diskontstelle	Wechselbetrag am Schluß des Jahres 1905	
	in Millionen Mark	in %
Reichsbank	1200	24,6
Großbanken [1])	1200	24,6
Provinzbanken einschl. der Kgl. Bank Nürnberg	1100	22,6
Privatbankiers	500	10,3
Genossenschaften	275	5,6
Hypothekenbanken	155	3,3
Privatnotenbanken	127	2,6
Sparkassen	100	2,1
Aktiengesellschaften, Private usw.	90	1,9
Preußenkasse	57	1,2
Seehandlung	56	1,2
	4860	100,00

Dort, wo bei uns der Wechselverkehr verdrängt wird, tritt an dessen Stelle nicht wie in Österreich eine minderwertigere Form des Zahlungsverkehrs oder gar das Borgsystems, sondern eine Form, die der Ausdruck für den höchstentwickelten Verkehr ist, nämlich die Barzahlung. „Bei uns ist in fast allen Geschäftszweigen, sagt Prion, schon im

[1]) W. Prion, a. a. O., S. 295.

Rohstoff- und Halbfabrikatenverkehr die zunehmende Einbürgerung der Barzahlung an Stelle der Wechselbegleichung wahrzunehmen.“

Die Barzahlung ist eine Folge der Konventionen, die vom Produzenten geschlossen wurden. Vermöge ihrer wirtschaftlichen Überlegenheit haben die Fabrikanten vielfach bei uns kurze Zahlungs- und Lieferungsfristen vereinbart. Öxmann sagt S. 60: „Hat ein Lieferant Monopolstellung (und diese hat er zum großen Teil schon infolge der Kartellierung), so drängt er bei seiner Kundschaft fast stets darauf, seine Zahlungen nicht in Wechseln, sondern in barem Gelde oder in Werten so gut als bar, d. h. meist in Form von Giro-Überweisungen zu bekommen.“ Ja Prion behauptet sogar, daß infolge der mit den Syndikatsbestrebungen zusammenhängenden Barzahlungen ein solcher Mangel an Geschäftswechseln vorhanden sei, daß die Kunden sich häufig veranlaßt sähen, Akzepte ihrer Bank, die ihnen sonst günstiger angerechnet würden, der Reichsbank zum Diskont einzureichen.

So sehen wir, daß bei uns in Deutschland sich auch stellenweise ein Mangel an Wechselmaterial zeigt. Derselbe wird jedoch nicht, wie in Österreich, durch die schlechten Zahlungsverhältnisse, Borgsystem und Abneigung gegen Wechselakzeptation, hervorgerufen, sondern durch den Übergang vom Wechselverkehr zur Barzahlung infolge der Einwirkung der Kartelle und Konventionen, deren es in Deutschland über 500 gibt, auf die Zahlungsverhältnisse.

Durch welche Unternehmungen den Gewerbetreibenden der Wechselkredit zuteil wird, haben wir oben schon gesehen. Die Mittel zur Barzahlung erhalten sie zum großen Teil auf dem Wege des Akzeptkredits durch die Großbanken. Derselbe kommt hauptsächlich den oberen und teilweise den mittleren Schichten zugute. Die Großbanken lassen von den Kreditbedürftigen Akzepte auf sich ausstellen. Auf dem Wege der Diskontierung derselben zum Privatdiskontsatze, da der Wechsel durch die Unterschrift der Banken feinste Qualität erhält, verschaffen sich die Kreditnehmer die Mittel zur Barzahlung.

Der Akzeptkredit betrug:

Jahr	Im Laufe des Jahres in Umlauf gesetzte Wechsel	davon sind Bankakzept	
	Millionen M.	in Mill. M.	in %
1885	12 060	1965	16 [1])
1890	14 020	2615	19
1895	15 241	3530	23
1896	16 386	3760	23
1897	17 526	4125	23
1898	19 374	4840	25
1899	20 937	5765	28
1900	23 304	6470	28
1901	22 965	5680	25
1902	21 505	5880	27
1903	22 266	6500	29
1904	23 201	7000	30
1905	25 506	8000	31

Die Hauptkreditquelle bilden die Banken.

Wie sehr unsere Banken erstarkt sind, entnehmen wir am besten aus den Ausführungen, die Philippovich hierüber macht (Bd. 2, II, 148). „Die Konzentration innerhalb der Aktienbanken zeigt ein Wachstum des Kapitals und der Macht der Berliner Großbanken. Diese haben unter fortgesetzten Kapitalserhöhungen ihren Betrieb ausgedehnt, teils durch Angliederung von Banken und Privatbankgeschäften, teils durch Errichtung von Filialen, Agenturen, Depositenkassen. Darüber hinaus haben sie aber ihren Einfluß erweitert durch Schaffung dauernder Interessengemeinschaften, indem sie Banken oder Finanzgesellschaften gründeten, Aktien oder Banken erwarben oder Verträge behufs Gewinnverteilung mit solchen abschlossen.. Die vier Bankgruppen (die Deutsche Bank, die Diskonto-Gesellschaft, die Dresdner Bank und der Schaaffhausensche Bankverein, die Darmstädter Bank), die zusammen 45 andere Banken in ihren Machtbereich gezogen haben, repräsentieren an Aktienkapital und Reserven rund 2000 Millionen Mark und ohne die Darmstädter Bank ein werbendes (eigenes und fremdes) Kapital von 4300 Millionen Mark. In welchem

[1]) W. Prion, a. a. O., S. 51.

Grade die Banktätigkeit sich bei uns im allgemeinen ausgedehnt hat, zeigt das riesige Anwachsen der Kreditoren und Depositen:

Jahr	Anzahl der Banken	Millionen Mark
1883	71	749
1886	71	973,4
1889	93	1392,2
1892	94	1282,9
1895	94	1769,4
1897	102	2069,7
1898	108	2507,7
1900	118	3128,1
1901	125	3014,8
1902	122	3380,6
1903	124	3709,6
1905	137	5298,4
1906	143	6304,8
1907	144	6625,5

Die Kreditoren und Depositen erhöhten sich
von 749 Millionen Mark im Jahre 1883
auf 6625,5 „ „ „ „ 1907
d. h. um 884 %.

Innerhalb des letzten Jahrzehntes
von 2069,7 Millionen Mark im Jahre 1897
auf 6625,5 „ „ „ „ 1907
also um 320 %.

„In Deutschland wird der Kredit im wesentlichen gewährt von rund 6000 Privatbankiers, 16 000 Kreditgenossenschaften, annähernd 200 als Gesellschaft mit beschränkter Haftung organisierten Instituten und etwa 450 Aktienbanken. An Bedeutung überragen die Aktienbanken alle anderen Organe des Kredits“[1]). Viel mehr als in Österreich sind bei uns die Banken in die weitesten Kreise des gewerblichen Lebens, bis tief in den Mittelstand hinein eingedrungen, ja selbst soweit, daß sie diejenigen Institute, die ursprünglich nur für den Mittelstand bestimmt waren, die Kreditgenossenschaften, infolge ihrer starken Werbekraft in diesen Kreisen, in ihrer Existenz bedrohten, ganz besonders in den größeren Städten, wo die Banken am festesten Wurzel gefaßt haben,

[1]) Landsburgh, Das deutsche Bankwesen. 1909.

und auch dort, wo sie ihr Filialnetz ausbreiteten. Als Beleg für diese Tatsache mögen einige Sätze aus den eingehenden Untersuchungen von Dr. Rich. Finck dienen, aus seinem Werke das Schulze-Delitzschsche Genossenschaftswesen und die modernen genossenschaftlichen Entwicklungstendenzen:

„Sozusagen von oben her kam ihm (dem Schulze-Delitzschschen Volksbankwesen) die moderne Ausgestaltung des Bankwesens entgegen, die nach der kapitalistischen Seite hin in einer rapide anwachsenden ungeheuren Konzentration ihren Ausdruck findet, aber dementsprechend nach der organisatorischen Seite hin ihre Wurzeln immer tiefer in immer kleinere Städte unseres Vaterlandes zu stecken sucht, sich also organisatorisch-dezentralistisch ausgestaltet. Wenige Bankkolosse stützen sich heute schon auf ein weitverzweigtes Netz von Filialen, Depositenkassen, Agenturen, sie bilden jeder für sich einen gewaltigen Konzern, dem sie alle größeren ehemals selbständigen Kreditinstitute einzugliedern suchen, damit denselben Prozeß vollziehend an mittleren Instituten, dem diese ihnen nicht gewachsene kleinere Institute — und hierunter fallen auch die entwickelten Schulze-Delitzschschen Volksbanken — unterworfen haben und in Zukunft unterwerfen. Das ganze deutsche Aktienbankwesen bekommt zugleich einen mehr demokratischen lokalen Charakter, es wird sich seiner sozialen Aufgabe nach unten hin mehr bewußt“ [1]).

An anderer Stelle wird aus: Crüger, „Einführung in das deutsche Genossenschaftswesen“ zitiert[2]): „Mit der gewaltigen Umgestaltung der wirtschaftlichen Verhältnisse ist auch die Stellung der Kreditgenossenschaften im wirtschaftlichen Leben eine andere geworden. Sie konnten Jahrzehnte hindurch die Befriedigung des Kreditbedürfnisses der kleineren und mittleren Gewerbetreibenden, ja oft auch noch gewisser Teile der Handels- und Industriewelt als ihre Domäne betrachten. Heute liegen die Dinge anders, den Kreditgenossenschaften ist vielfach eine starke Konkurrenz durch die Banken entstanden, worauf sie bei ihren geschäft-

[1]) S. 358.
[2]) S. 366.

lichen Einrichtungen Rücksicht nehmen müssen, wenn sie nicht den besten Teil ihrer Kundschaft verlieren und damit an ihrer Leistungsfähigkeit Einbuße erleiden wollen."

Das Resultat ist: Für die obersten und mittleren Schichten, sowohl infolge des gesunden Zahlungsverkehrs als auch durch ausreichende Kreditinstitute und Kreditformen, ist die Möglichkeit zu einer genügenden Kreditversorgung vorhanden.

Gehen wir nunmehr zu der Frage über, wie sich in Deutschland die Zahlungs- und Kreditverhältnisse bei den übrigen Schichten der gewerblichen Bevölkerung ausgebildet haben.

Im Kleinhandel, und ganz besonders im Handwerk, ist der offene Buchkredit noch sehr verbreitet.

Bei den Verhandlungen auf dem 9. Deutschen Handwerks- und Gewerbekammertage zu Breslau sagte Dr. Hampke in einem Referat über die Bekämpfung des Borgunwesens: „Ein Hauptgrund für die schwierige wirtschaftliche Lage, an welcher der Mittelstand und besonders auch der Handwerkerstand krankt, liegt in dem alteingewurzelten Krebsschaden des Borgens. Durch eine bessere Regelung des Zahlungsverkehrs im Handwerker- und Kleingewerbestand muß die Erstarkung desselben herbeigeführt werden."

Dr. Öxmann sagt hierüber: „Einem alten Übel gegenüber aber, das wie ein nagender Wurm am Marke des Handwerks sitzt, ist man meines Erachtens noch viel zu gleichgültig geblieben. In den meisten Zweigen des Handwerks sind die Klagen über die verrottetste Borgwirtschaft, die man sich denken kann, ganz allgemein. Dabei sind die Versuche nur sehr vereinzelt, hier durch strammes Zusammengehen aller Beteiligten mit fester Hand einzugreifen. Auf Gelder, die der Handwerker mit seiner Hände Arbeit sauer verdient, muß er monatelang, ja oft genug jahrelang warten. Seine Kapitalkraft und damit seine Konkurrenzfähigkeit gegenüber dem kapitalistischen Großbetriebe leidet darunter in einer Art und Weise, die er selbst in ihrem vollen Umfange meist gar nicht zu erfassen vermag."

In den von der Handelskammer zu Hannover herausgegebenen Erhebungen über die Lage des Kleinhandels in

Deutschland heißt es: „Zu all diesen nachteiligen Einwirkungen kommt noch der Krebsschaden eines weit verbreiteten Borgsystems im Zwischenhandel und Kleinhandel mit allen wirtschaftlichen Nachteilen und zahlreichen Verlusten“.

Was den Zahlungsverkehr zwischen Konsument und Händler anbetrifft, so sagt darüber Öxmann: „Zwischen Konsument und Händler ist fast durchweg die Barzahlung eingeführt, und zwar ohne Rabattgewährung, in den Ladengeschäften mittleren und großen Umfanges, soweit es Bazare und Warenhäuser oder aber Konfektionsgeschäfte sind, in allen anderen Branchen aber sucht man die Barzahlung auch mehr und mehr einzuführen.“

Ein Beleg für diese Tatsache ist die nicht unbedeutende Verbreitung der Rabatt- und Spar-Vereine. Im Jahre 1906 umfaßte in Deutschland der Verband der Rabatt- und Spar-Vereine 182 Vereine mit 32 000 Mitgliedern und einem Umsatz von ca. 280 Millionen Mark, die 14 Millionen Mark Rabatt im letzten Jahre ausgezahlt hatten[1]).

In der Sitzung des Ausschusses des Deutschen Handelstages von 1906 äußerte sich der Berichterstatter über die Frage wie folgt: „Heute hätten die Rabatt-Spar-Vereine in fast allen Teilen des Reichs, in Groß- wie Mittelstädten, selbst an kleineren Plätzen, Eingang gefunden. Innerhalb kurzer Frist habe sich in vielen Städten der Umsatz verdoppelt, ja verdreifacht.“ Dr. Wernicke berichtet: „Tatsächlich hat sich auch bereits an verschiedenen Orten herausgestellt, daß der Umsatz der Konsumvereine nach Gründung der Rabatt- und Sparvereine nicht unwesentlich zurückgegangen ist. So z. B. in Bremen, Magdeburg, Stendal und anderen Orten.“

Betrachten wir demgegenüber die Kreditorganisation, inwieweit diesen Kreisen die Möglichkeit gegeben ist, sich Kredit zu verschaffen. Der ungedeckte Personalkredit ist wenig dort verbreitet.

Waldemar Müller sagt: „Aus der Natur des Personalkredits folgt, daß nicht bloß die Verzinsung, sondern auch

---

[1]) Wernicke, a. a. O., S. 953.

die Rückzahlung durch Eingänge des Kreditsuchers im normalen Verlauf seiner Geschäfte in absehbarer Zeit gesichert sein muß. Personalkredite längerer Zeitdauer setzen besonderes Vertrauen voraus. Es ergibt sich, daß dem Handwerker und dem gewerblichen Mittelstande, soweit er nicht außerhalb seines Betriebes verfügbares Vermögen in Wertpapieren besitzt, der Personalkredit nur in beschränktem Umfange zugänglich sein kann"[1]). Es gibt nur noch eine Kategorie, die sogenannten kleinen Bankiers, die noch das Geschäft des Personalkredits dort pflegen, wo die Reichsbank und die Kreditbanken sich zurückziehen. Der Geschäftskreis dieser Bankiers ist jedoch nur ein kleiner, einmal weil ihre Geschäfte meistens mit großem Risiko verbunden sind, ferner ihre Stellung durch die Verdrängung seitens der Großbanken (Philippovich sagt: „nach allgemeiner Ansicht hat das Geschäft des Privatbankiers keinen nennenswerten Umfang mehr") — insbesondere aber durch das gewaltige Aufblühen des deutschen Genossenschaftswesens sehr bedroht ist.

Die Kreditgenossenschaften sind die eigentliche Kreditquelle für den Mittelstand. Schmoller sagt in seinem Grundriß: „Jedenfalls aber sind diese Volksbanken einer der erfreulichsten und schönsten Zweige am Baume der deutschen Volkswirtschaft. Es ist eine segensreiche, den ganzen Mittelstand heilsam beeinflussende Tatsache, daß diese soliden Vereine, an denen weit über eine Million kleine und mittlere Geschäftsleute beteiligt sind, fast in allen Städten Personalkreditwesen so solid organisierten, daß sie und nicht eben so viele Privatbankiergeschäfte es in der Hand haben. Die Vereine waren bald in vielen Städten das einzige oder wichtigste Personalkreditinstitut"[2]). „Die Schulze-Delitzsch-sche Volksbank hat sich frühzeitig dort gebildet und entwickelt, wo die reguläre Bankverbindung überhaupt gefehlt oder berechtigten Kreditbedürfnissen, namentlich des Mittelstandes, nicht in genügender Weise Rechnung getragen hat"[3]) „Sie haben den deutschen Mittelstandsklassen in Stadt und

[1]) Waldemar Müller, S. 98.
[2]) Schmoller, a. a. O., S. 525.
[3]) Finck, a. a. O., S. 321.

Land überhaupt erst die billige Kreditquelle erschlossen und eine Lücke ausgefüllt, die die moderne Entwicklung dem alten Mittelstand bereitet, und bei der Banken und Bankiers damaliger Zeit achtlos vorübergingen"[1]).

Philippovich äußert sich über die Kreditgenossenschaften: „Wir dürfen sie als eine Organisation zur Gewährung gewerblichen Betriebskredits betrachten, da sie die einzige Organisation darstellen, welche ihre Einrichtung diesen Bedürfnissen vollkommen angepaßt hat."

Über die Entwicklung der gewerblichen, nach dem System Schulze errichteten Genossenschaften macht Schmoller folgende Ausführung: „Die aufopfernde Tätigkeit vieler demokratischer Idealisten, welche die Kassen leiteten, und doch nur nüchterne, geschäftsmäßige Erziehung zu den modernen kaufmännischen Kreditformen im Auge hatten, erzeugte im Zusammenhang mit dem Geschäftsaufschwung und dem bisher unbefriedigten Personalkreditbedürfnis der Mittelklasse ein Wachstum ohnegleichen. Die Gelder häuften sich so, daß man sie oft schwer unterbringen konnte. Viele der größeren Vereine sind zu erheblichen Banken herangewachsen. Viele dehnten ihre Geschäfte weit über die Gemeinde aus. Im ganzen aber blieben sie Banken des städtischen Mittelstandes, der Handwerker und kleinen Kaufleute."

Über die Bedeutung der Kreditgenossenschaften sagt Waldemar Müller: „Durch die Assoziation nur einzelner kleiner, im Gesamtbetrage großer Kapitalien ist eine Organisation geschaffen, welche den legitimen Kreditbedürfnissen der Landwirte, Handwerker und des gewerblichen Mittelstandes vollkommen zu genügen imstande ist"[2]).

Diese Kreditgenossenschaften geben „ungedeckte Darlehen, sog. Blankokredite, nur in geringem Umfange"[3]). „Bei jedem Darlehen muß von seiten des Mitgliedes Sicherheit geleistet werden, und zwar gute Sicherheit, wie sie nach kaufmännischen Begriffen anerkannt ist. Es handelt sich also um Kredit gegen Verpfändung realer, mobiler Sicherheit

---

[1]) Finck, a. a. O., S. 322.
[2]) Waldemar Müller, a. a. O., S. 99.
[3]) Finck, a. a. O., S. 39.

oder um Personalkredit gegen Bürgschaftsleistung.“ „Das Institut der Personalbürgschaft ist in den Schulze-Delitzschschen Kreditgenossenschaften außerordentlich verherrlicht, man kann sagen, daß das ganze eigentliche Darlehnsgeschäft in den Vereinen nahezu auf Bürgschaft beruht“[1]). Dieses Verfahren der Kreditgenossenschaften kann nur von günstigster Wirkung sein, indem diejenigen Elemente ausgeschieden bleiben, die bei ihren Genossen noch nicht einmal das Vertrauen besitzen, eine Bürgschaft zu erlangen. Dieser Ausleseprozeß bedeutet einen Schritt weiter vorwärts zur Gesundung des volkswirtschaftlichen Organismus.

Die Kreditgenossenschaften trugen bei zur Verbreitung des Wechsels.

Finck schreibt hierüber: „Die Schulze-Delitzschschen Kreditgenossenschaften sind es nun auch hauptsächlich gewesen, die die großen Vorzüge des Wechsels im Geschäftsverkehr der kleinen produzierenden Kreise erkannt und durch Einführung und intensivere Pflege des Diskont- und Inkassowechselgeschäftszweiges namentlich in Handwerkerkreisen zu der riesigen Anwendung des Wechsels und zu seiner heutigen Beliebtheit sehr viel beigetragen haben. Das Diskontgeschäft spielt heute in allen entwickelten Schulze-Delitzschschen Kreditgenossenschaften eine große Rolle“[2]).

„Der Wechsel aber erweist seine Vorzüge für die Genossenschaft in Anbetracht seiner raschen und sicheren Exekutionsmöglichkeit, gibt darum in der Hand der Genossenschaftsleiter ein treffliches Erziehungsmittel ab, um die Mitglieder an Ordnungsliebe, Pünktlichkeit in bezug auf ihre Kreditverpflichtungen und ihr ganzes Geschäftsgebaren zu gewöhnen“[3]).

Durch Vermittlung dieser Genossenschaften endlich kommen auf indirektem Wege auch die Mittel der Reichsbank und der großstädtischen Geldmärkte diesen Bevölkerungskreisen zugute, indem die Reichsbank die Wechsel der Genossenschaften zu den günstigsten Bedingungen diskontiert.

---

[1]) Finck, a. a. O., S. 40.
[2]) Finck, a. O., S. 41.
[3]) Finck, a. O., S. 41.

Finck sagt über den Diskontkredit, den die Genossenschaften bei Banken in Anspruch nehmen:

„Eine echte Schulze-Delitzschsche Genossenschaft findet nun diesen Bankkredit überall, um es drastisch zu sagen. Bei dem heute ausgebildeten engmaschigen Banknetz hat sie sogar eine große Auswahl. Ihre Diskontwechsel werden von der Reichsbank gern genommen, darüber hinaus oder bei den Kreditgenossenschaften, die kein ausgeprägtes Diskontgeschäft pflegen, sind Banken und Bankiers gern bereit, mit ihnen die Geschäftsverbindung anzuknüpfen, ihnen ein laufendes Konto zu eröffnen“[1]).

Der Umfang der Genossenschaftswechsel bei der Reichsbank betrug nach einer Statistik für das Jahr 1897/98 203 Millionen Mark. Dies sind allerdings nur 3,1 % aller angekauften Wechsel[2]). Der verhältnismäßig geringe Umsatz erklärt sich daraus, daß an sich der Kleinverkehr geringe Summen ausmacht, ferner haben sich eine große Zahl der auf Schulze-Delitzschscher Grundlage beruhenden Vorschußvereine der Genossenschaftsabteilung der Dresdner Bank angeschlossen, weil sich die Genossenschaftsbanken hier unter Benutzung des Akzeptkredits billigeres Geld als bei der Reichsbank verschaffen können.

Die mit der Dresdner Bank arbeitenden Schulze-Delitzschschen Genossenschaften, 1016 an der Zahl, hatten Ende 1906 bei 598 314 Mitgliedern, bei 273 Millionen eigenen Vermögens und 983 Millionen fremder Gelder, zusammen 1256 Millionen, 1056 Millionen Mark am Schluß der Jahres als Kredite ausgeliehen.

Die Preußische Zentralgenossenschaftskasse kommt für die in den Städten wurzelnden Schulze-Delitzschschen Genossenschaften weniger in Betracht als für die Genossenschaften ländlichen Charakters.. Prion sagt: „Die Schulze-Delitzschschen Genossenschaften nehmen infolge ihrer hochentwickelten bankmäßigen Organisation die Preußenkasse kaum in Anspruch.“

Finck berichtet, daß die Inanspruchnahme des Bankkredits von seiten der Genossenschaft im ganzen nicht allzu

---

[1]) S. 157.

[2]) Prion, a. a. O., S. 295.

bedeutend sei; er führt dies darauf zurück, daß die Kredit genossenschaften sich zu „in sich gefestigten Banken entwickelt haben, die sich auf völlig geschäftlich selbständiger bankmäßiger Grundlage bewegen“[1]).

Wie nun bereits früher erwähnt, wurden die Kreditgenossenschaften durch die Entwicklung der Banken und die Ausbreitung ihres Filialnetzes teils aus ihrer Domäne als Versorger für den Mittelstand verdrängt, teils bildeten sie, der allgemeinen Entwicklung sich anpassend, sich zu großen Aktienbanken um. Dieser Prozeß vollzieht sich hauptsächlich in den Städten, aber dort, wo die Banken noch nicht ihre Tätigkeit hin erstreckt haben, erfüllen die Kreditgenossenschaften allein in vollem Umfange die vornehme Aufgabe, dem Mittelstand eine billige und vorzügliche Kreditquelle zu sein, aber nur für den Mittelstand, der an sich schon lebensfähig ist, „nur Inhabern derjenigen kleinen Geschäfte, die an sich lebensfähig sind, ist die kreditmäßige Beschaffung des umlaufenden Betriebskapitals erleichtert[2])“. Dieser Ausleseprozeß kann nur zur Förderung und Erhaltung des Mittelstandes beitragen.

Zwar „die Mehrzahl der Schulze-Delitzschschen Kreditgenossenschaften besitzt jedenfalls noch ihren alten Daseinszweck, aber die Tendenz zur Genossenschaftsbank wird immer tiefer greifen, wächst in die Entwicklung modernen Bankwesens hinein“[3]).

Über den Umwandlungsprozeß und die weitere Entwicklung schreibt Finck: „Nur wo die moderne Ausgestaltung des Bankwesens Platz gegriffen hat und in Zukunft Fuß fassen wird, dort kommen die geschilderten Tendenzen zum Vorschein. Dort muß die Kreditgenossenschaft weichen oder ein verändertes Aussehen gewinnen, jedenfalls an ihrem Ursprungsort bedeutend Einbuße erleiden.

Hier wird die Selbsthilfe hinfällig.

Dagegen überall dort, wo die moderne Bankentwicklung vorerst nicht festen Fuß fassen kann, also namentlich in den Kleinstädten und abgelegenen, dünn bevölkerten Gegenden,

---

[1]) Finck, a. O., S. 156.
[2]) Finck, a. O., S. 337.
[3]) Finck, a. O., S. 368.

dort wird die Schulze-Delitzschsche Kreditgenossenschaft ihren ursprünglichen Wert behalten"[1]).

Dort, wo die Genossenschaft verdrängt wird, tritt dieselbe in umgewandelter Form als Aktiengesellschaft oder eine andere Bank an ihre Stelle. Für die Versorgung des Mittelstandes mit Kredit hat dies aber die erhöhte Bedeutung, daß an Stelle der früheren Kreditquelle eine solche tritt, die den allgemeinen Verhältnissen entsprechend dem Maße der allgemeinen wirtschaftlichen Entwicklung besser angepaßt ist.

Das Resultat ist: Für den gewerblichen Personalkredit ist durch die zwar an Zahl nicht so bedeutenden, aber durch die innere Entwicklung und Gesamtorganisation (ich erinnere an den Zusammenschluß der Genossenschaften zu Zentralkassen zur Geldausgleichung und Kreditbesorgung) hervorragenden Genossenschaften für eine ausreichende Organisation Sorge getragen, die geeignet ist, das Personalkreditbedürfnis in hinreichendem Maße zu befriedigen, besonders dort, wo die moderne Bankentwicklung noch nicht Fuß gefaßt hat, daß auch die Großbanken mit ihrem weitverzweigten Filialnetz und ihren vielen Depositenkassen immer mehr in die unteren Schichten des gewerblichen Lebens eindringen und dort, wo sie die Kreditgenossenschaften aus ihrer Domäne verdrängen, an ihre Stelle treten. Das Genossenschaftswesen hat aber auch in dem Sinne außerordentlich günstig gewirkt, daß, wie Prion sagt, stetig die Geschäftswechsel zunehmen, und sich auch infolgedessen das Diskontgeschäft der Kreditgenossenschaften heben konnte.

Stellen wir zum Schluß unter Gesamturteil über die wirtschaftlichen Voraussetzungen zur Diskontierung von Buchforderungen in Deutschland noch einmal übersichtlich zusammen, und zwar vom Zahlungsverkehr bei den untersten Schichten der gewerblichen Bevölkerung ausgehend, die Kette des wirtschaftlichen Ineinandergreifens verfolgend bis zu den obersten Schichten. Im Kleinhandel und ganz besonders im Handwerk ist das Borgunwesen noch verbreitet, der offene Buchkredit spielt bei ihnen noch eine nicht unbe-

[1]) Finck, a. a. O., S. 367.

deutende Rolle; dies ist vor allem dort der Fall, wo sich der Mangel kaufmännischer Bildung bemerkbar macht. Überall dort aber (Öxmann S. 63), wo die kaufmännische Bildung weiter fortgeschritten ist, kennt man sogar bei freier Konkurrenz diese Form des Kredits nur noch in sehr geringem Umfang. Hier wird Kredit gegen Wechsel gewährt und der Wechsel dann als Zahlungsmittel benützt. Dort, wo der Wechsel nicht gut anwendbar ist, in Geschäften, wo nur ganz kleine Posten an den Konsumenten abgegeben werden, z. B. bei Kolonialwarenkleinhändlern, bedient man sich eines anderen Mittels, des Rabatts, und erzieht die Kundschaft dadurch zur Barzahlung. Auch in den mittleren Ladengeschäften und solchen großen Umfanges ist fast allgemein Barzahlung bei uns eingeführt.

Dort aber, wo es diesen Kreisen an genügenden Betriebsmitteln fehlt, greifen die speziell für den Mittelstand in Betracht kommenden Kreditgenossenschaften und schließlich auch in weitem Maße die Banken ein, die denselben unter den günstigsten Bedingungen mit Kapital versehen. Endlich kommen für ihn noch die Privatbankiers, allerdings in geringem Maße, in Betracht.

Bei den übrigen Kreisen der gewerblichen Bevölkerung ist, vor allem zwischen den Geschäftsleuten und den Lieferanten, ein ausgebreiteter Wechselverkehr eingeführt. Ihnen stehen die besten Institute unserer Kreditorganisation zur Verfügung, da besonders ihr Wechselmaterial als Anlagemittel begehrt ist. Wir sahen endlich, daß in den oberen kapitalreichsten Schichten der Geschäftswelt die Benutzung des Wechsels bei Begleichung von Zahlungsverpflichtungen durch die hier eingeführte Barzahlung teilweise verdrängt wird. Durch den Akzeptationskredit verschaffen sie sich ihre erforderlichen Mittel. Von der untersten Stufe bis zu der höchsten ist also bei uns für das vorhandene Kreditbedürfnis eine ausreichende Kreditversorgung eingeführt. Die Tendenzen unserer ganzen Entwicklung des Kredit- und Zahlungsverkehrs bewegen sich in der Richtung, daß in den unteren und mittleren Kreisen der Wechselverkehr, in den oberen Schichten und dem Zwischenhandel sich immer mehr der Barzahlungsverkehr einbürgert.

Auf diesem Boden entstanden nun in jüngster Zeit spezielle Genossenschaften zur Diskontierung von Buchforderungen, und unsere größte und andere Aktienbanken führten diesen Kreditzweig in ihren Betrieb ein.

Schon in den 50er Jahren wurde von einer Gothaer Genossenschaft, dem Gothaer Vorschußverein, die Diskontierung von Buchforderungen betrieben. Auf dem ersten allgemeinen Vereinstage der deutschen Vorschuß- und Kreditvereine in Weimar am 15. Juni 1858 erstattete der damalige Vertreter des Gothaer Vorschußvereins, Regierungsrat Müller, einen Bericht über den bei seiner Genossenschaft bestehenden Geschäftszweig der Diskontierung von Buchforderungen. Daraufhin faßte der Vereinstag den Beschluß: „daß die Diskontierung von Buchforderungen, wie diese Einrichtung in Gotha bestehe, den Vereinen zur Erwägung und tunlichen Berücksichtigung empfohlen werde".

Auch Schulze-Delitzsch hat schon im Jahre 1859 in der „Innung der Zukunft" zu der Frage der Diskontierung von Buchforderungen Stellung genommen. Er schlägt 3 Wege zur Durchführung der Diskontierung von Buchforderungen vor.

1. soll die Forderung durch Zession an den Vorschußverein übertragen werden. Der Schuldner soll aber hiervon benachrichtigt und aufgefordert werden, innerhalb 4 Wochen zu zahlen. Schließlich sollte noch zur weiteren Sicherung der Genossenschaft mit dem Antrag zur Diskontierung der Buchforderung eine schriftliche Anerkennung und ein ausdrückliches Zahlungsversprechen des Schuldners eingereicht werden.

Der 2. Vorschlag von Schulze-Delitzsch ging dahin, auf Grund eines von dem Gläubiger auf den Schuldner gezogenen und von diesem akzeptierten Wechsels dis Diskontierung von Buchforderungen zu vollziehen.

3. sollte die Grundlage zur Durchführung der Diskontierung von Buchforderungen die Bürgschaft des Schuldners sein. Der Gläubiger soll den Schuldner auffordern, für die bei dem Vorschußverein diskontierte, jenem gegen diesen zustehende Forderung als Sicherheit die Bürgschaft zu übernehmen. Schulze-Delitzsch nahm an, daß ohne weiteres

der Kunde sich darauf einlassen könne, „da er schlimmstenfalls durch Deckung der verbürgten Summe nur seine eigene Schuld an den Hauptschuldner berichtigt".

Aber schon damals erhob man gegen diese Vorschläge, durch die der Drittschuldner von dem Übergang der Forderung in Kenntnis gesetzt werden sollte, den Einwand, der auch heute noch besteht, daß man Gefahr laufe, die Kundschaft dadurch zu verlieren.

In der Folgezeit ist in Deutschland von einzelnen Kreditgenossenschaften hier und da die Diskontierung von Buchforderungen betrieben worden, jedoch in ganz unbedeutendem Maße, so daß man von einer eigentlichen Ausbildung derselben bei uns kaum sprechen kann. Dr. Prager sagt: „Einige deutsche Vorschußvereine haben auch tatsächlich den Buchforderungseskompte, allerdings regelmäßig unter Verständigung der Drittschuldner. in den Kreis ihrer Tätigkeit einbezogen, aber hierbei keinen größeren Erfolg erzielt."

Auch von Banken wird in Deutschland die Diskontierung von Buchforderungen betrieben, jedoch nur ganz gelegentlich. Oft wird sie verwechselt mit der Darlehnsgewährung auf Grund des Vorhandenseins von Buchforderungen; hier spielt die Buchforderung nur die Rolle eines Gradmessers für die zu gewährende Kreditgrenze.

Die Norddeutsche Bank in Hamburg pflegt die Diskontierung von Buchforderungen, jedoch in ganz geringem Umfang. Sie äußert sich darüber: „Einer größeren Ausdehnung dieses Geschäftszweiges steht hindernd im Wege, daß in vielen Fällen der Kreditnehmer nicht wünscht, daß seine Kundschaft erfährt, daß er deren Buchforderungen bevorschussen läßt. Andererseits sieht auch die Kundschaft namentlich bei den Detailgeschäften es ungern, daß die Rechnungsbeträge an eine Bank überwiesen und von ihr eingezogen werden."

Ein rasches, plötzliches Tempo gab der Entwicklung der Diskontierung von Buchforderungen in Deutschland die Initiative eines Frankfurter Kaufmannes, der in einem Artikel in der Frankfurter Zeitung unter dem Titel „Diskontierung der Buchausstände, ein Vorschlag zur Fortbildung der deutschen Kreditorganisation" unter Hinweis auf die österreichischen Verhältnisse zum ersten Mal in neuerer Zeit positive Vorschläge zur Errichtung von Genossenschaften, die die Diskontierung von Buchforderungen in der Hauptsache pflegen sollten, machte. Die zu errichtenden Genossenschaften sollten den österreichischen nachgebildet werden.

Der Verfasser des genannten Artikels beschloß, selbst eine Genossenschaft unter Mitwirkung von Banken als Kreditgeber ins Leben zu rufen. Der Plan scheiterte jedoch an dem Widerstande der Banken. Seitdem aber wurde die Frage der Diskontierung von Buchforderungen immer wieder erörtert, und eine Reihe von Genossenschaften, die speziell die Diskontiernug vonBuchforderungen betreiben, wurden errichtet; auch Banken führten in der Folgezeit diesen Kreditzweig ein.

So war es zunächst die Delcredere- und Treuhand-Aktiengesellschaft Frankfurt a. M. mit Filialen in München und Berlin, die durch Einführung dieses Kreditzweiges die Aufmerksamkeit auf sich lenkte. Diese Gesellschaft wurde im Jahre 1908 mit einem Nominalkapital von 500 000 Mark ins Leben gerufen. Dem Charakter dieser Gesellschaft, die als Treuhänder mit Vermögensverwaltungen, Testamentsvollstreckungen, Finanzarrangements und ähnlichen Vertrauensdiensten betraut wird, entsprach nicht die Einführung des Kreditzweiges der Diskontierung von Buchforderungen, die immerhin mit Risiko verbunden ist, bei der das fremde anvertraute Kapital zur Kreditgewährung benutzt wird. Das Aufsichtsamt für Privatversicherung stellte die Forderung auf, daß eine Treuhand-Gesellschaft, die vornehmlich fremdes Gut verwaltet, bei der Pflege eines Kreditzweiges wie Diskontierung von Buchforderungen eigene Mittel bereitstellen und nicht mit fremdem Geld wirtschaften solle. Infolgedessen erhöhte die Bank das Aktienkapital auf 1,5 Millionen Mark. Das Delcredere-Geschäft kam in Wegfall, der Name der Gesellschaft wurde in „Mitteldeutsche Treuhand-Aktiengesellschaft" abgeändert, die Münchener Filiale in eine selbständige, die Bayerische Treuhand-Aktiengesellschaft mit 2 Millionen Mark Grundkapital umgewandelt, die ihrerseits wieder eine Filiale in Nürnberg errichtet. Die beiden Gesellschaften traten in eine Interessengemeinschaft durch gegenseitige

Übernahme von Aktien. Die Diskontierung von Buchforderungen soll überall eingeführt werden.

Der Betrieb der Diskontierung von Buchforderungen bei diesen Instituten ist der österreichischen Praxis nachgebildet.

Inzwischen entstanden einige Genossenschaften, denen die österreichischen als Vorbild dienten. Diese erwuchsen bei uns nun nicht organisch wie in Österreich aus den Verhältnissen hervor, als eine notwendige Form im Gesamtorganismus der Kreditverhältnisse, unter Zusammenschluß der Genossen zu einer Genossenschaft, sondern hier ging meistenteils die Initiative von einer Einzelpersönlichkeit aus, die berufsmäßig diese Genossenschaften gründete. So errichtete dieselbe vor einem Jahre in Berlin die Bank der Fabrikanten und Grossisten e. G. m. b. H. und die Kreditbank norddeutscher Fabrikanten und Großhändler; in Magdeburg die Handels- und Diskonto-Bank e. G. m. b. H.; von diesen ist bereits die Kreditbank norddeutscher Fabrikanten und Großhändler zusammengebrochen. Ferner sind in jüngster Zeit Genossenschaften in Leipzig, Hamburg, Düsseldorf und Mannheim gegründet worden, in Dresden und Nürnberg sollen welche errichtet werden. Auch hinter diesen Gründungen soll nach Angabe der Blätter für Genossenschaftswesen und einer Notiz der Frankfurter Zeitung dieselbe Persönlichkeit stehen, die die drei obengenannten Institute gegründet hat. Es sei nebenbei bemerkt, daß auch die Statuten, z. B. der Süddeutschen Genossenschaftsbank in Mannheim und die der Rheinisch-Westfälischen Genossenschaftsbank in Düsseldorf, Wort für Wort übereinstimmen.

Die Frankfurter Zeitung schreibt über den Gründungsvorgang folgendes: „Über die Art und Weise, in der dieser Herr die Gründung von Genossenschaftsbanken gewerbsmäßig betreibt, informieren eine ganze Reihe von an uns gelangten Zuschriften. Darnach werden zunächst auf dem Inseratenwege Direktoren und Prokuristen gesucht, die eine hohe Kaution zu stellen vermögen. Das Engagement macht der Herr dann von der Zahlung einer Provision von 1500 Mark und mehr abhängig, die er für die Idee beansprucht.

Dafür macht er langjährige Anstellungsverträge mit großen Gehältern, Tantiemen und Pensionsberechtigung. Ist der Vorstand auf diese Weise beisammen, so ist die Tätigkeit des Herrn beendet. Die Gründung der Genosssenschaft und alles übrige, vor allem auch die Gewinnung von Genossen (für die manchmal auch dem anwerbenden Vorstandsmitglied eine Extraprovision von 50 M pro Genosse ausbedungen ist), bleibt den neuen Direktoren überlassen. Mehrere dieser Gründungen, die so von vornherein mit hohen Spesen belastet wurden, sind dann auch über kleinste Anfänge nicht hinausgekommen.“

Sowohl die Organisation als auch die Technik sind den österreichischen Genossenschaften nachgebildet. Es erübrigt sich daher, näher darauf einzugehen.

In jüngster Zeit führte unsere größte deutsche Aktienbank, die Deutsche Bank, die Diskontierung von Buchforderungen ein. Sie richtete vorläufig zur Pflege derselben nur in Berlin eine besondere Abteilung ein. Der Gegenwert des vom Kreditnehmer ausgestellten Akzeptes wird nicht in bar ausgehändigt, sondern der Firma gutgeschrieben und ein Teil davon zur Regulierung der Schulden beim Lieferanten benutzt. Die Regulierung übernimmt die Deutsche Bank selbst.

Sie führte diesen Kreditzweig zu einer Zeit ein, wo am wenigsten ein Bedürfnis dazu vorhanden war, nämlich in einer Zeit der Krise, des Konjunkturrückganges, wo der Überfluß an Geld außergewöhnlich stark war, was in den niedrigen Zinssätzen zum Ausdruck kam. Tägliches Geld wurde zu der Zeit zu 1 % ausgeliehen. In der Zeitschrift „Plutus“ von Ende Januar wird berichtet: „Der größte Geldüberfluß herrscht andauernd am heimischen Markt. Es hat wohl selten Zeiten gegeben, wo der Kapitalandrang am offenen Markt gleich heftig war wie jetzt.“

Vor wenigen Monaten führte auch die Deutsche Effekten- und Wechselbank offiziell die Diskontierung von Buchforderungen ein.

Zweiter Abschnitt.

Kritik und wirtschaftliche Bedeutung der Diskontierung von Buchforderungen.

Auf die wirtschaftliche Bedeutung der Diskontierung von Buchforderungen im allgemeinen und in bezug auf Kreditgeber und Kreditnehmer brauchen wir an dieser Stelle nicht mehr einzugehen, weil wir diese Frage im Zusammenhang mit der wirtschaftlichen Bedeutung der Diskontierung von Buchforderungen in Österreich berührt haben.

Hier handelt es sich hauptsächlich darum, zu zeigen, welche Stellung dieser Kreditzweig bei uns in dem Gesamtorganismus des Zahlungs- und Kreditverkehrs einnimmt, ob er in wirtschaftlicher Hinsicht einen Fortschritt oder eine Hemmung bedeutet.

Man kann nicht leugnen, daß in manchen Schichten der gewerblichen Bevölkerung durch die allgemeine Entwicklung zum Großbetrieb, durch die Ohnmacht gegenüber der Überlegenheit des Großkapitals, ganz besonders durch die in den letzten Jahrzehnten entstandenen Kartelle und Konventionen ein Kreditbedürfnis vorhanden ist, wie wir des breiteren früher erörtert haben.

Demgegenüber haben wir nun in einer Voruntersuchung darzulegen versucht, daß unsere Kreditorganisation und Kreditmöglichkeiten derartig mannigfaltig ausgestaltet sind, daß das Bedürfnis sowohl nach einer neuen Kreditform als auch nach neuen Kreditinstituten nicht vorhanden ist. Ein Beleg für diese Tatsache ist auch die Art der Gründung der Genossenschaften, die vornehmlich das Werk einer Einzelpersönlichkeit ist, die diese Gründungen gewerbsmäßig betrieb, wobei das privatwirtschaftliche Interesse, nicht das volkswirtschaftliche Gemeinwohl der Anlaß war.

Die Genossenschaften kamen nicht unter Zusammenschluß der Genossen zustande, sondern diese wurden erst nach Gründung derselben herangeholt.

Auch sahen wir, daß bei der Deutschen Bank der Anlaß zur Einführung der Buchforderungsdiskontierung wohl mehr das Bedürfnis war, die zu reichlich vorhandenen Mittel unterzubringen, als ein allgemeines Bedürfnis.

Sollte schließlich nicht die Tatsache, daß innerhalb der 50 Jahre seit der ersten Einführung der Diskontierung von Buchforderungen in Deutschland dieser Kreditzweig eine nennenswerte Bedeutung nicht erlangen konnte, nicht auch ein Beleg dafür sein, wie wenig bei uns die Voraussetzungen dazu gegeben sind?

Es ist nachgewiesen worden, daß bei uns der Wechsel immer mehr gerade in diejenigen mittleren und unteren Schichten der gewerblichen Bevölkerung eindringt, die als die Kreditbedürftigen meistenteils hingestellt werden. Im Gegensatz zu Österreich, wo der Wechselverkehr im Abnehmen begriffen ist, nimmt derselbe bei uns immer mehr zu. Wir legten nun oben dar, daß unzweifelhaft der Wechsel das vornehmste, ein viel vollkommneres Kreditinstrument ist als die Diskontierung von Buchforderungen.

Bei Ausbreitung der letzteren liegt die Gefahr nahe, daß der Veredelungsprozeß, in dem unser Kreditverkehr gerade bei den mittleren Schichten der Gewerbetreibenden infolge der allgemeinen Ausdehnung des Wechselverkehrs begriffen ist, gehemmt wird.

Allein aus diesem Grunde schon ist die Diskontierung von Buchforderungen, weil sie ein absolut notwendiges, organisch aus den Verhältnissen hervorgewachsenes Bedürfnis nicht darstellt und geeignet ist, eine bessere Kreditform zu verdrängen, volkswirtschaftlich als nachteilig zu bezeichnen.

Eine allgemeine Einführung der Diskontierung von Buchforderungen bei uns kann nur eine allzu leichte und weitgehende Kreditgewährung zur Folge haben. Neben die vielen Möglichkeiten bei uns Kredit zu erlangen würde eine neue hinzutreten. Die schädigende Wirkung einer solchen Kreditgewährung haben wir bereits früher erörtert.

Diese Gefahr liegt um so näher, als die Banken im Konkurrenzkampfe untereinander bei allgemeiner Einführung der Buchforderungsdiskontierung leicht dazu angereizt werden könnten, die rationelle Kreditgrenze zu überschreiten oder dort Kredit zu gewähren, wo eine hinreichend sichere Grundlage nicht vorhanden ist.

Was nun die bestehende Organisation anbetrifft, so liegt dabei die Gefahr vor, da ein Zusammenschluß zur gegenseitigen Verständigung zwischen den einzelnen Genossenschaften noch nicht stattgefunden hat, daß die Doppelzession mit all ihren volkswirtschaftlich schädlichen Folgen um sich greift. Wir sahen, daß in Österreich gerade aus Anlaß der häufig vorkommenden Doppelzession die Evidenzzentrale unter Zusammenschluß der Unternehmungen, die die Diskontierung von Buchforderungen betreiben, zustande kam.

Durch die Unterlassung der Benachrichtigung des Drittschuldners endlich, was bei uns der Fall ist, ist, wie oben ausgeführt, die Diskontierung von Buchforderungen auf unsicheren Rechtsboden gestellt.

Aus den allgemeinen Äußerungen über diese Kreditform geht hervor, daß, wie auch die Prospekte der deutschen Genossenschaften selbst ausführen, die Kreditbeschaffung auf Grund von Buchforderungen aus Gründen der kaufmännischen Moral fast allgemein mißbilligt werde. Der Kaufmann fürchtet den Buchforderungsdiskont in Anspruch zu nehmen, weil er dadurch sowohl das Vertrauen der Lieferanten als auch seiner Kundschaft zu verlieren glaubt.

Nicht eine Besserung der Zahlungsverhältnisse wird, wie die Deutsche Bank annimmt, die Einführung der Diskontierung zur Folge haben, sondern im Gegenteil eine Verschlechterung, indem, wie oben angedeutet, eine höher entwickelte Kreditform durch eine minderwertiger ausgebildete verdrängt würde, und nach unten hin hat die Diskontierung von Buchforderungen dort, wo das Borgsystem vorwaltet, wie früher ausgeführt, nur die nachteilige Wirkung, daß gerade durch diese Kreditform Anreiz geboten wird, den Warenkredit zu erweitern.

Bei uns ist die Möglichkeit zur Befriedigung des Betriebskreditbedürfnisses eine so mannigfaltige, daß es einer neuen Kreditform nicht mehr bedarf. Alle lebensfähigen Unternehmen erhalten leicht und billig Kredit bei Banken und Kreditgenossenschaften, bei letzteren Instituten ganz besonders der Mittelstand zum großen Teil auf Grund des gesunden Wechselkredits.

Neben Wechselkredit Buchforderungskredit zu gewähren, kann nur von nachteiligster Wirkung sein. Einmal verliert dadurch der Kreditgeber den Überblick über die Kreditfähigkeit des Kreditnehmers, ferner aber würden die schädlichen Folgen einer zu weit gehenden Kreditgewährung eintreten und drittens schließlich der Wechsel in seiner Weiterbildung gehemmt sein.

Entsprechend der Entwicklung in Österreich käme bei uns die Diskontierung von Buchforderungen gar nicht für diejenigen Kreise, die am meisten bedürftig sind, in Betracht, sondern für Fabrikanten und Großhändler, bei denen aber gerade, wie oben ausgeführt, das beste Wechselmaterial im Verkehr mit ihren Abnehmern zustande kommt, oder infolge der Kartelle und Konventionen der Barverkehr sich eingebürgert hat. Schließlich ist auch in bezug auf die Kostenfrage der Wechselkredit dem Buchforderungsdiskontierungskredit vorzuziehen, weil letzterer infolge des größeren Risikos, das er in sich birgt, teurer ist.

Wir kommen zu dem Resultat, daß unsere Kreditorganisation für die Einführung der Diskontierung von Buchforderungen den geeigneten Raum nicht bietet, weil bei uns für alle lebensfähigen Schichten der gewerblichen Bevölkerung eine hinreichende Quelle gegeben ist, daß diese Kreditform im volkswirtschaftlichen Sinne nur von nachteiliger Wirkung sein kann, indem sie hemmend auf die Entwicklungstendenzen unseres Kreditwesens einwirkt, das immer mehr zu den besseren Formen des Barzahlungs- und Wechselverkehrs übergeht.

Literatur-Verzeichnis.

Nachschlagewerke.

Conrad, Handwörterbuch der Staatswissenschaften, 2. Auflage.
Elster, Wörterbuch der Volkswirtschaft, 2. Auflage.

Theoretische und allgemeine Werke.

Schmoller, Grundriß der Volkswirtschaftslehre, II. Teil, 6. Auflage,
Philippovich, Grundriß der politischen Ökonomie, I. u. II. Teil. 6. Auflage.

Spezielle Werke.

H. Schulze-Delitzsch, Vorschuß- und Kreditvereine als Volksbanken, bearbeitet von J. Crüger. 1904.
Finck, Das Schulze-Delitzschsche Genossenschaftswesen und die modernen genossenschaftlichen Entwicklungstendenzen 1909.
v. Lindecke, Das Genossenschaftswesen in Deutschland.
J. Wernicke, Kapitalismus und Mittelstandspolitik.
H. Kobilanski, Problem des gewerblichen Mittelstandes.
Viktor Stern, Die Kartelle in der Textil- und Bekleidungsindustrie mit besonderer Berücksichtigung des Detailhandels und der verlangten Einheitskonditionen.
W. Prion, Das deutsche Wechseldiskontgeschäft.
Alfred Lansburgh, Das deutsche Bankwesen.
H. Öxmann, Barzahlung und Kreditverkehr in Handel und Gewerbe im Rheinisch-Westfälischen Industriebezirk.
Enquete der Handelskammer zu Hannover: Die Lage des Kleinhandels in Deutschland, 2 Teile, 1899—1900.
Statistisches Jahrbuch für das Deutsche Reich. 1908.
Compaß, Finanzielles Jahrbuch für Österreich-Ungarn, 1908, Bd. I u. II.

Zeitschriften und Berichte.

Deutschland:

Kartellrundschau, 6. Jahrgang, Heft 6. Dr. J. Wernicke, Die Stellung der Waren- und Kaufhäuser zu den Kartellen und Konventionen.
Das deutsche Handwerkerblatt, Berlin, II. Jahrgang, Heft 6, 7, 8. Die Bekämpfung des Borgunwesens.
Blätter für Genossenschaftswesen, Diverse Artikel über die Diskontierung von Buchforderungen.
Zeitschrift für Handelswissenschaft und Handelspraxis, Leipzig, I. Jahrgang, Heft 8, Prof. Dr. A. Frucht, Graz, Über

die Verwertung von offenen Buchforderungen und ihre buchhalterische Behandlung.

Bankarchiv, Zeitschrift für Bank- und Börsenwesen, VIII. Jahrgang, Nr. 7, 8 und 9, Geh. Oberfinanzrat Waldemar Müller, Berlin, Die Organisation des Kredit- und Zahlungsverkehrs in Deutschland.

Die Bank, Monatsschrift für Finanz- und Bankwesen, 1909, Heft 2, S. 187; Heft 3, S. 282, Diskontierung von Buchforderungen.

Plutus, Kritische Wochenschrift für Volkswirtschaft und Finanzwesen, VI. Jahrgang, 2. Heft, Dr. Felix Somary, Wien, Diskontierung von Buchforderungen.

Stenographischer Bericht über die Verhandlungen des 9. Deutschen Handwerks- und Gewerbekammertages, Breslau, am 24., 25. und 26. August 1908.

Österreich:

Statistische Monatsschrift, N. F. III. Jahrgang, 1898, Dr. Ferd. Schmid, Materialien zur Kenntnis des Personalkredits in den im Reichsrate vertretenen Königreichen und Ländern, mit besonderer Berücksichtigung der Verhältnisse der Kleingrundbesitzer und Kleingewerbetreibenden.

Statistische Monatsschrift, N. F. X. Jahrgang, 1905, A. K. Loewe, Österreichs Banken im Jahre 1903.

Volkswirtschaftliche Wochenschrift, Sondernummer Bd. 50 Nr. 1305, Dr. Eugen Lopuszanski, Einige Streiflichter auf das österreichische Bankwesen.

Die Genossenschaft, Organ des Allgemeinen Verbandes der auf Selbsthilfe beruhenden deutschen Erwerbs- und Wirtschaftsgenossenschaften Österreichs, Diverse Artikel über die Diskontierung von Buchforderungen.

49. Jahresbericht über die Prager Handelsakademie, Prof. Eduard Deimel, Die Eskomptierung von Buchforderungen.

Dr. Arthur Prager, Die Eskomptierung offener Buchforderungen und der gewerbliche Mittelstand.

Bericht des Vereins der Wollindustriellen Mährens in Brünn vom 7. Februar 1906.

Jahresberichte des Kreditorenvereins zum Schutze der Forderungen bei Insolvenzen in Prag für die Jahre 1904, 1905, 1906, 1907.

Geschäftsberichte der Handels- und Gewerbekammer Wien, Diverse Jahrgänge.

Statuten und Geschäftsordnungen deutscher und österreichischer Diskontierungsgenossenschaften.

Geschäftsberichte österreichischer Diskontierungsgenossenschaften und Aktienbanken

Universitäts-Buchdruckerei von Gustav Schade (Otto Francke),
Berlin und Fürstenwalde.

GPSR Compliance

The European Union's (EU) General Product Safety Regulation (GPSR) is a set of rules that requires consumer products to be safe and our obligations to ensure this.

If you have any concerns about our products, you can contact us on ProductSafety@springernature.com

In case Publisher is established outside the EU, the EU authorized representative is:

Springer Nature Customer Service Center GmbH
Europaplatz 3
69115 Heidelberg, Germany

Batch number: 10844623

Printed by Printforce, the Netherlands